KB266005

AI 시대,
질문으로 탐구하는
인문학 수업

AI 시대,
질문으로 탐구하는
인문학 수업

초판 1쇄 인쇄일 2026년 3월 26일
초판 1쇄 발행일 2026년 4월 2일

지은이 김미덕
펴낸이 양옥매
디자인 송다희 표지혜
교   정 정혜성
마케팅 송용호

펴낸곳 도서출판 책과나무
출판등록 제2012-000376
주소 서울특별시 마포구 방울내로 79 이노빌딩 302호
대표전화 02.372.1537   **팩스** 02.372.1538
이메일 booknamu2007@naver.com
홈페이지 www.booknamu.com
ISBN 979-11-6752-781-3 (03100)

전통과 현대 사이에서 다시 묻는
'어떻게 살 것인가'

AI 시대,
질문으로 탐구하는
인문학 수업

김미덕 지음

책과나무

들어가며

교수·학습 운영 원리도 개념 기반 탐구학습의 근거가 된다. 도덕과 교육과정은 수업을 지식·이해, 과정·기능, 가치·태도 범주와 유기적으로 연계해 운영하도록 제시하고 있으며, 학생이 배운 가치·덕목을 자기 삶에 비추어 윤리적으로 성찰하고 실천과 통합해서 지도할 것을 제시하고 있다. 다시 말해 '개념(이해)-기능(탐구)-가치(태도/실천)'의 삼각 구도가 교육과정 문장 속에 들어 있다. 수업에서 쓰는 방법과 자료 또한 탐구 수업을 제도적으로 뒷받침하고 있다. 도덕과 교수·학습 방법은 개념학습, 주제학습, 탐구학습, 토의·토론학습, 논술학습을 제시하고 있으며, 실생활과 연결된 자료로 도덕 이야기, 문학, 예술, 영화, 교육연극, 딜레마 등을 활용해 학생들이 여러 도덕 문제를 탐색하고 해결책을 찾아가도록 안내하고 있다. 이는 곧 개념을 '사례'로 제시하고, '질문'으로 세우며, '토론과 성찰'로 다듬는 개념 기반 탐구학습의 전형적 수업 설계와 맞닿아 있다. 평가도 같은 방향을 가리키고 있는데, 도덕과 교육과정에서 평가는 지필평가를 하더라도 단순 개념, 사실의 진위만 묻는 문항은 지양하도록 명시하고 프로젝트 평가, 포트폴리오 등 다양한 수행평가 방식의 활용을 제시하고 있다.[1) 결국 '탐구로 배우고, 성찰로 깊어지고, 실천으로 남는 배움'을 평가와 함께 설계되어 있다.

도덕 수업은 '정답을 주는 시간'이 아니라, '삶을 붙들고 질문'하며 성장하는 시간으로 자리매김될 수 있다. 도덕과의 핵심 질문인 '어떻게 살 것인가'가 있고, 배움은 자신과 타인과의

---

1) 교육부(2022), pp.9-30.

관계, 사회·공동체와의 관계, 자연과의 관계 속에서 확장, 순환하도록 설계되어 있기 때문이다. 이 흐름은 개념 기반 탐구 학습과 곧바로 연결된다. 도덕과 교육과정은 학습을 '탐구-성찰-일상의 실천'이 순환하는 과정으로 설명될 수 있다. 현실의 도덕 현상은 탐구를 요구하고, 그 탐구는 곧 자기 내면의 윤리적 성찰을 부르며, 성찰은 다시 일상의 도덕적 실천으로 이어져야 한다는 구조이다. 즉 '무엇이 옳은가?'를 암기하는 데서 멈추지 않고, '왜 옳은지(이유), 어떻게 살 것인지(결정), 실제로 해 보는지(실천)'까지 연결할 수 있다. 또한 교육과정은 '핵심 아이디어'를 새롭게 제시하며, 내용이 단원별 지식 나열이 아니라 큰 개념(핵심 아이디어)-가치(핵심 가치)-실천으로 이어질 수 있도록 방향을 잡아 준다. 특히 관계 영역에서 다루는 핵심 가치로 정의, 책임 등이 언급되고, 도덕 수업을 받은 사람이 삶에서 이를 드러내도록 연결하려는 취지가 드러난다.

2022 도덕과 교육과정의 기본 설계는, 총론에서 제시한 인간상인 '포용성과 창의성을 갖춘 주도적인 사람'을 도덕과의 관점에서 도덕성에 기반한 인간상으로 재해석한 것이다. 포용성과 주도성은 도덕과가 지향하는 도덕적 인간의 핵심 자질과 맞닿아 있으며, 창의성은 도덕적 상상력을 통해 풍부해진다. 특히 도덕적 상상력은 창의성이 낳을 수 있는 고립성과 배타성 등의 위험을 줄이고, 타자와 공동체를 고려하는 윤리적 토대를 제공한다. 더 나아가 도덕과는 비판적이면서도 배려적인 사고, 도덕 판단 능력, 정의로운 공동체 의식, 생태 위기에 대한 공감, 인공지능·디지털 윤리 교육을 통해 총론이 강조하는 시민 역량, 생태 전환 역량, 디지털 역량 형성에 기여할 수

있다. 결국 도덕과는 도덕성을 바탕으로 자율성과 주도성을 발휘하는 학습자를 길러, 불확실한 미래에서도 스스로 삶을 책임지고 능동적으로 대응하도록 돕는 교과가 된다.

도덕적 앎과 삶의 연결은 탐구-실행-성찰의 순환 구조로 이해할 수 있다. 우리가 마주하는 도덕적 사건과 갈등은 그저 바라보는 대상이 아니라, 이유와 의미를 따져 묻는 탐구의 과제가 된다. 이 탐구는 곧바로 '나는 무엇을 옳다고 여기는가?', '어떤 사람이 되고 싶은가?'라는 내면의 성찰을 요구하고, 성찰은 다시 일상의 선택과 행동으로 실천되어야 비로소 힘을 얻는다. 더 나아가 실천의 결과는 다시 새로운 질문과 반성을 낳아 다음 탐구와 성찰로 되돌아가는 되먹임을 전제한다. 이러한 흐름은 도덕 수업을 중심으로 학교 안에 머물지 않고 가정과 사회로 확장되어야 한다. 나아가 도덕과는 학교 차원에서 이 순환이 실제로 작동하도록 설계하고 책임지는 교과로서의 역할을 가져야 할 것이다.

2022 도덕과 교육과정은 도덕성을 탐구-실행-성찰의 연계 과정으로 길러야 한다고 밝힌다. 도덕성 함양을 위해서는 도덕 현상에 관한 탐구, 내면의 도덕성에 관한 성찰, 일상의 실천이 교육과정의 주요 내용으로 포함되어야 하며, 이 연계 과정이 '도(道)-덕(德)' 기반에서 몸과 마음에 새겨져 도덕적 행동으로 이어지도록 한다고 설명한다. 또한 교수·학습 방향에서, 수업은 단순 지식 전달이 아니라 '핵심 아이디어' 이해를 바탕으로 학생이 일상에서 마주치는 도덕 현상을 탐구하고, 가치·덕목에 비추어 자신의 삶을 윤리적으로 성찰하며, 그 탐구와 성찰이 일상의 도덕적 실천과 유기적으로 통합되도록 구성하라고 제시한다.[2] 여기서 '핵심 아이디어'는 CBI의 개념

렌즈(큰 이해)에 해당하고, '탐구-실행-성찰'은 질문 중심 수업의 학습 과정이 된다. 수업 자료와 활동도 '실생활과 관련된 도덕 이야기, 문학, 예술, 영화, 교육연극, 도덕적 딜레마' 등을 활용하여 도덕 문제를 탐색하고 해결책을 찾는 탐구 활동을 강조한다. 그리고 학생이 자신의 도덕적 이야기를 구성, 공유하여, 중요하게 여기는 가치·덕목을 명료화하고 그것이 일상 실천으로 이어져 습관으로 정착되도록 '실천 지향' 과정도 제시한다. 평가 역시 '결과 한 번'이 아니라 성장 과정을 보도록 설계되는데, 예를 들어 포트폴리오 평가는 일정 기간의 학습 과정과 도덕적 수행 결과를 누적해 도덕적 성장을 평가하고, 학생이 수행 과제를 작성, 관리, 점검하는 과정을 관찰하여 지식과 실천의 연계를 종합적으로 평가하라고 안내하고 있다. 온라인 프로젝트 평가 등 다양한 평가 도구 개발과 활용도 함께 제시되어 질문-탐구-실행-성찰의 학습 과정이 평가로 이어지도록 하고 있다.

2022 도덕과 교육과정이 제시하는 핵심 근거는 '개념 기반 탐구학습'이다. 개념 기반 탐구학습(CBI, Concept-Based Inquiry)은 '지식이나 사실을 많이 아는 수업'이 아니라, '사실을 통해 큰 생각을 배우는 수업이라고 할 수 있다. 사실(사례) → 개념(원리) → 적용(새 상황 판단)을 학생 스스로 탐구하게 하는 수업으로 학생이 스스로 밝게 하는 수업이다.

첫째, 핵심은 '개념'(큰 렌즈)이다. 뉴스, 교실 규칙, 역사 사건처럼 겉모습이 다른 사례들이 있어도 그 안에는 공통된 질문이 있다. 그 공통 질문을 꺼내는 렌즈가 개념으로 예를 들면 공정, 권위, 자유, 책임 등이다. 둘째, 탐구는 '질문'으로

---

2) 교육부(2022), p.26.

시작된다. 교사가 답을 주기보다, 학생이 질문으로 시작한다. 사실 질문: '누가 무엇을 했는가?', 개념 질문: '권위는 언제 정당해지는가?' 논쟁 질문: '안전을 위해 자유를 어디까지 제한해도 되는가?' 질문이 생기면 학생은 근거를 찾고 비교하고 반론을 생각하게 된다. 셋째, 결과는 '전이'(새 상황에 써먹기)이다. 배운 개념을 토대로 새로운 상황에 적용하는 것이다. 즉, 개념 기반 탐구학습(CBI)은 사례를 외우는 공부가 아니라, 사례를 통해 '판단의 기준'을 만들어 다른 상황에서도 스스로 판단하도록 돕는 수업이다.

차례

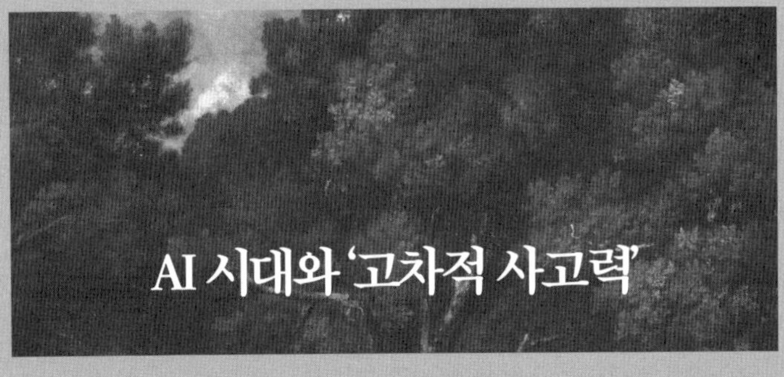
AI 시대와 ‘고차적 사고력’

1. 고차적 사고력

고차적 사고력이란 단순 지식 이해를 넘어서 탐구·비판·창의적 사고를 종합적으로 발휘하는 힘을 의미한다. 고차적 사고력(higher-order thinking)의 창시자는 매튜 립맨(Matthew Lipman)으로 '철학을 통한 어린이 교육(Philosophy for Children, P4C)' 운동의 창시자이다. 그는 학교 교육이 단순 암기와 주입식 학습에 머물러 있다고 보고, 비판적이고 성찰적인 사고 훈련이 필요하다고 강조한다.

매튜 립맨은 듀이의 영향을 받았는데, 두 사람의 공통점은 철학과 교육을 결합하였다는 것이다. 듀이는 철학은 삶을 성찰하는 도구이며, 교육은 '민주주의를 사는 방식'을 배우는 과정이라고 보았다. 립맨은 철학은 아이들에게도 가능하며, 교실은 탐구 공동체(community of inquiry)가 되어야 한다고 주장하였다. 두 사람 모두 철학은 삶을 위한 실천적 사고 훈련으로 이해하였으며, 듀이의 철학적 기초를 립맨이 아동 교육에 적용하였다. 립맨의 탐구 공동체 수업은 듀이의 민주적·경험적 교육철학의 계승과 구체화라고 볼 수 있을 것이다.[3]

고차적 사고력은 단순한 지식 재현을 넘어 생각을 점검하고 확장하며 책임 있게 다루는 통합적 능력이다. 이는 비판적 사고, 창의적 사고, 배려적 사고가 서로 맞물려 작동하는 과정이며, 여기에 메타 인지적 사고가 더해져 사고의 질을 한층 높이는 구조이다.

비판적 사고는 논리적, 합리적으로 판단하고 추론하는 능력

---

3) Matthew Lipman(2005), pp.28-49.

이다. 단순한 의견 제시에 그치지 않고 근거와 이유를 탐색하여 자신의 주장을 정당화하는 능력이다. 또한 주장과 반론을 비교, 분석하며 타당성과 일관성을 검토하는 과정이다. 이와 함께 논리적 모순, 성급한 일반화 등 사고의 오류를 찾아내고 수정하는 능력을 포함한다.

창의적 사고는 새로운 관점과 해결책을 만들어 내는 능력이다. 정답을 그대로 찾기보다 문제를 다르게 바라보며 다양한 가능성을 제시하는 능력이다. 기존의 틀을 넘어 참신한 아이디어를 떠올리고 새로운 해결 경로를 모색하는 능력이다. 또한 여러 관점을 연결하고 비유나 은유 등으로 사고를 확장하는 유연한 태도이다. 더 나아가 같은 상황을 다른 방식으로 해석하여 다양한 대안을 탐색하는 능력이다.

배려적 사고는 타인의 관점을 존중하고 공감하며 책임 있게 판단하는 능력이다. 공동체 속 대화에서 상대의 생각과 감정을 고려하며 의견을 주고받는 태도이다. 옳고 그름, 공정성, 책임성 등을 판단할 때 인간적, 도덕적 측면을 함께 살피는 윤리적 감수성이다. 또한 경쟁보다 협력을 통해 공동의 성찰을 이끌어 내고 함께 의미를 구성하려는 자세이다. 립맨은 이러한 고차적 사고력이 비판적 사고, 창의적 사고, 배려적 사고가 통합적으로 작동하는 과정이라고 설명한 바 있다.

메타 인지적 사고는 자신의 사고 과정을 스스로 살피고 조절하는 능력이다. 내가 무엇을 알고 무엇을 모르는지, 어떤 과정을 거쳐 결론에 이르는지 자각하는 성찰의 능력이다. 문제 해결 과정에서 사용한 전략을 점검하고 필요할 때 사고의 방향과 방법을 바꾸는 조절 능력이다. 또한 학습과 사고를 되돌아보며 더 나은 방식으로 성장하려는 지속적 자기 개선의 태도이다.

[듀이와 립맨의 사상]

구분	듀이	립맨
경험 중심 교육	"배움은 경험을 통해 일어난다."	동화나 이야기(예: 『Harry Stottlemeier's Discovery』)를 통해 어린이가 스스로 사고 경험을 확장하도록 설계
민주적 교육	'학교는 민주주의의 실험실'	'교실을 민주적 탐구 공동체'로 전환 → 학생들이 질문·토론·합의를 경험
비판적 사고와 성찰	반성적 사고(reflective thinking)는 교육의 핵심	고차적 사고력(비판적·창의적·배려적 사고)을 교육의 목표로 설정
차이점	'철학과 교육이 결합해야 한다'→직접적인 교실 운영 방법론까지는 구체화하지 않았음(이론적인 토대)	듀이의 사상을 실제 교육 실천→P4C(Philosophy for Children)라는 구체적 프로그램을 개발(교육 모델 발전)
교육적 의의	·립맨은 듀이의 철학을 아동 철학탐구 공동체 수업으로 구체화 → 20세기 후반 이후 전 세계에서 민주시민 교육, 생태시민 교육의 기반 ·교육을 단순한 지식 전달이 아닌, 삶을 더 지혜롭고 민주적으로 살아가는 훈련으로 보았음	

  립맨은 고차적 사고력을 비판적 사고, 창의적 사고, 배려적 사고의 통합적 과정으로 본다. 고차적 사고력의 특징은 탐구 공동체(Community of Inquiry) 안에서 이루어지며, 질문과 대화, 토론을 통해 학생들은 스스로 사고를 확장하게 한다. 지식, 기술, 태도가 융합된 사고력으로 단순히 똑똑해지는 것이 아니라 지혜롭게 살아가는 힘을 길러 준다. 따라서 교실을 '토론하는 공동체'로 전환하기 위해서는 학생 스스로 문제를 제기하고 탐구하게 해야 한다. 단편적 지식 전달보다 비판적 성찰, 창의적 문제 해결, 윤리적 책임감을 기르는 교육이 실현되게 해 준다. 오늘날의 민주시민 교육·생태시민 교육과도 연결 가능하다.

매튜 립맨의 고차적 사고력은 비판적 사고, 창의적 사고, 배려적 사고를 아우르는 통합적 능력이며, 대화와 탐구를 통해 함양되는 '철학적 사고력'이다. 이는 학생들이 단순히 정보를 아는 것을 넘어 깊이 사고하고, 함께 살아가는 지혜를 기르는 힘이라고 할 수 있다.[4]

[고차적 사고력의 핵심 요소]

- **비판적 사고(Critical Thinking)**: 논리적·합리적으로 사고하는 능력이다.
  - 근거와 이유를 탐구하기: 단순한 의견이 아니라 논리적 근거를 통해 생각을 정당화하는 능력
  - 추론과 검증하기: 주장과 반론을 분석하고, 타당성과 일관성을 점검하는 과정
  - 오류 발견하기: 논리적 모순이나 성급한 일반화를 찾아내는 능력
- **창의적 사고(Creative Thinking)**: 새로운 아이디어, 다양한 가능성, 대안적 해결책을 산출하는 능력, 단순 정답이 아니라 '다르게 생각하기'
  - 새로운 가능성 탐구하기: 기존의 틀을 넘어서 참신한 아이디어를 제안하고, 문제 해결의 새로운 길을 모색
  - 상상력과 유연성 발휘하기: 다양한 관점을 연결하거나 비유와 은유를 활용하여 사고를 확장
  - 대안적 해석하기: 동일한 문제 상황을 다르게 바라보며, 다양한 해답을 모색
- **배려적 사고(Caring Thinking)**: 타인의 관점 존중, 공감, 책임 있는 사고, 공동체적 탐구와 윤리적 성찰을 중시
  - 타인의 입장 존중하기: 공동체 속에서 대화를 나누며,

---

4) Matthew Lipman(2005), pp.257-263.

상대의 의견과 감정을 고려
- 윤리적 감수성 갖기: 옳고 그름, 공정성, 책임성 등을 판단할 때 인간적·도덕적 측면을 함께 고려
- 함께 의미 만들기: 경쟁이 아닌 협력을 통해 공동의 성찰을 이끌어 내는 태도

- **메타 인지적 사고(Metacognitive Thinking)**: 자신의 사고 과정을 성찰하고 조절하며 개선하는 능력
  - 자신의 사고 성찰하기: 내가 무엇을 알고, 무엇을 모르는지, 어떤 과정을 거쳐 생각하는지를 자각
  - 사고 전략 조절하기: 문제 해결 과정에서 방법을 점검하고, 필요할 때 사고 방향을 바꾸는 능력
  - 지속적 자기 개선: 학습과 사고를 돌아보고 더 나은 방식으로 성장하려는 태도

2. 메타 인지와 메타 윤리

메타 인지란, '자신의 인지 과정을 인식하고 조절하는 능력'이다. 즉, 내가 지금 무엇을 알고 있고, 무엇을 모르는지, 어떻게 문제를 풀고 있으며, 왜 헷갈리는지를 아는 능력이다. '나는 지금 생각하고 있는가?'라는 질문의 이름을 메타 인지 (metacognition)라고 할 수 있다.

메타 인지의 역할은 첫째, 자기 주도 학습의 핵심으로 학습자는 자신이 무엇을 알고 모르는지를 인식함으로써, 학습 전략을 조정할 수 있다. 둘째, 문제 해결과 추론의 정교화로, 오류 인식, 반성적 사고, 전략의 전환을 가능하게 한다. 셋째, 감정 조절 및 동기 강화와의 연계로, 자신의 감정 상태를 인식하고 학습에 방해되지 않도록 조절하는 데에도 작용한다. 넷째, 비판적 사고와 철학적 성찰을 가능케 하는 문으로 철학적 탐구, 윤리적 판단도 결국 '내가 지금 어떻게 생각하는가'를 묻는 메타 인지에 기반하고 있다.

[메타 인지의 구성 요소]

구성 요소	설명	예시
메타 인지적 지식	자신의 사고, 전략, 과제에 대한 이해	"나는 수학보다는 글쓰기를 더 잘해."
메타 인지적 조절	계획, 모니터링, 평가 등 사고 조절 과정	"이건 어려우니 천천히 계획을 세워야겠다."

메타 윤리란, '옳고 그름이 무엇인가?'를 판단하기보다, 우리가 사용하는 도덕적 언어의 의미를 분석하고, 도덕적 추론의 정당성을 검증하기 위한 논리를 분석한다. 즉, '옳다/그르다, 선/악, 의무/권리' 같은 말이 무엇을 뜻하는지, 그런 판단이 어떻게 정당화되는지, 도덕 명제가 참·거짓을 가질 수 있는지를 질문하며, 윤리학이 학문으로서 성립 가능한지를 모색한다.

메타 윤리의 역학은 첫째, 도덕 언어의 의미를 정교화한다. 학생들은 자주 '정의', '권리', '존중' 같은 단어를 쓰지만, 그 의미가 흐릿하면 토론은 감정의 밀물로 흘러가곤 한다. 메타 윤리는 개념의 경계를 세워 '그 말이 정확히 무엇을 뜻하는가'를 분명히 하게 한다. 둘째, 도덕 판단의 근거를 점검하게 하는데, *왜* 그런 판단을 하는지 근거를 찾고 검토하게 만든다. 셋째, 가치 충돌 상황에서 대화의 기준을 제공한다. 서로 다른 가치가 충돌할 때, '서로 다른 기준이 어떤 전제 위에 서 있는가?'를 찾아 합리적 조정과 합의의 길을 만든다. 넷째, 윤리 학습의 목표를 '정답'에서 '정당화'로 확장시켜 준다. 메타 윤리는 특정 결론을 강요하기보다, 도덕적 결론이 나오기까지의 과정을 찾게 한다. 다섯째, 도덕적 상대주의·독단을 동시에 경계하게 한다. 메타 윤리는 서로 다른 견해가 있을 때, 최소한 어떤 이유가 더 설득력 있는지를 분석하게 한다.

메타 인지는 '내가 생각하고 있는 것을 생각하는 것'이라면, 메타 윤리(metaethics)는 '우리가 말하는 옳고 그름의 의미 자체를 되묻는 윤리학의 사유 방식'이다. 메타 윤리는 윤리적 판단의 '형식과 성격'을 성찰하는 철학이며, 메타 인지는 그 성찰을 가능케 하는 정신의 힘이라고 할 수 있다. 즉 메타 인지는 사유의 거울이며, 메타 윤리는 그 거울에 비친 옳고 그름의 본질을 묻는 철학이다. 우리가 '좋다'거나 '나쁘다'고 말할 때, 그 말의 기원과 근거를 묻는 힘이, 바로 메타적 사고에서 비롯된다.

[메타 윤리의 구성 요소]

구성 요소	설명	예시
메타 윤리적 지식	• '옳다/그르다, 선/악, 의무/권리' 같은 **도덕적 언어의 의미** • 도덕 판단의 성격과 근거가 **무엇인지**에 대한 이해	• "내가 '그건 옳아'라고 말할 때, 그 말은 사실을 말하는 걸까, 아니면 내 기준을 선언하는 걸까?"
메타 윤리적 조절	• 도덕 판단을 내릴 때 **개념을 정확히 쓰고, 근거를 요구, 점검함** • 서로 다른 판단이 충돌할 때 **전제와 기준을 비교, 조정**하는 사고 조절 과정	• "지금 우리는 '공정'이라는 말을 서로 다르게 쓰고 있어. 먼저 공정이 뭔지 정의하고, 왜 그 기준이 더 설득력 있는지 근거를 들어보자."

[메타 인지와 메타 윤리의 관계]

메타 인지	메타 윤리
사고에 대한 사고	윤리에 대한 철학적 성찰
"내가 무엇을 알고 있는가?"	"'옳다'는 말은 무엇을 뜻하는가?"
실천과 학습의 자기조절 기반	윤리 이론의 타당성과 근거를 묻는 학문

예) ▸ "거짓말은 나쁘다." → *규범 윤리*[5]

　　　▸ "왜 거짓말이 나쁘다고 말하는가?" → *메타 윤리*

　　　▸ "나는 왜 이렇게 생각하는가?" → *메타 인지*

---

5) 규범 윤리란 도덕적 행위의 근거가 되는 도덕 원리나 인간의 성품에 관해 탐구하고, 이를 바탕으로 도덕적 문제의 해결과 실천 방안을 제시하는 윤리학이다. 규범 윤리는 이론 윤리학과 실천 윤리학으로 구분되는데, 이론 윤리학은 윤리적 행위를 위한 근본 원리로 성립 가능한 도덕 원리를 탐구하며, 도덕 원리나 도덕적 정당화의 이론적 근거를 제시하는 데 주된 관심을 지닌다(의무론, 공리주의, 덕 윤리 등). 실천 윤리학은 이론 윤리를 현대사회의 여러 윤리 문제에 적용하거나 삶에서 구체적으로 발생하는 윤리 문제에 대해 도덕 원리를 근거로 하여 실제적이고 구체적인 해결책을 모색하는 데 주된 관심을 지닌다(생명 윤리, 정보 윤리, 환경 윤리 등).

AI 시대와 '탐구 공동체' 수업

2부

1. 탐구 공동체 수업의 원리와 전략

탐구 공동체 수업은 교육을 '암기된 지식의 전달'이 아니라, 질문과 대화로 함께 길을 찾는 과정으로 본다. 교실을 작은 철학 공동체로 전환하여 학생들이 서로 묻고, 듣고, 반성하며, 더 지혜롭게 살아가는 힘을 기르는 것을 목표로 한다. 인공지능이 정보와 정답을 빠르게 제공하는 시대일수록, 학생에게 필요한 역량은 '정답 소유'가 아니라 의미를 묻고 기준을 세우는 힘이다. 탐구 공동체는 바로 그 힘을 키우는 수업의 틀이다.

탐구 공동체 수업의 기본 원리는 다음 네 가지로 정리된다.

첫째, 질문 중심 원리이다. 교사가 정답을 제공하기보다 학생이 스스로 질문을 만들고 탐구하도록 설계한다. 좋은 질문은 공동체의 사고를 움직이는 엔진이며, 질문이 깊어질수록 학습은 삶으로 가까워진다.

둘째, 대화와 토론 원리이다. 일방적 강의가 아니라 경청과 이어말하기를 통해 대화 구조를 형성한다. 승패가 갈리는 논쟁보다, 공동의 이해와 성찰을 지향하는 대화 문화를 지향한다.

셋째, 공동체적 탐구 원리이다. 개인의 생각을 넘어 '우리의 사고'로 나아가게 한다. 이 과정에서 비판적 사고(따져 묻기), 창의적 사고(다르게 연결하기), 배려적 사고(타인의 입장 고려하기)가 통합적으로 작동한다.

넷째, 교사의 역할 원리이다. 교사는 지식 전달자가 아니라 촉진자다. 학생들의 발언을 연결하고 질문을 확장하며, 탐구의 방향이 흐트러지지 않도록 성찰을 돕는 안내자 역할이 강조된다.

탐구 공동체 수업의 절차는 텍스트 제시-질문 생성-질문 선택-공동 탐구-성찰과 정리로 구성된다. 먼저 텍스트 제시 단계에서 이야기, 동화, 기사, 영상 등 문제의식을 불러일으킬 수 있는 자료를 제시한다. 이어 질문 생성 단계에서 학생들이 자료 속 쟁점과 가치 갈등을 바탕으로 탐구할 만한 질문을 스스로 만들어 낸다. 다음 질문 선택 단계에서는 투표나 합의를 통해 공동체가 함께 탐구할 핵심 질문을 결정한다. 이후 공동 탐구 단계에서 대화와 토론을 통해 질문을 다각도로 탐색하며, 서로의 의견을 연결·비판·보완하면서 사고를 확장한다. 마지막 성찰과 정리 단계에서는 탐구 과정을 돌아보고 느낀 점을 기록하며, 개인적 성찰과 공동체적 성찰을 함께 다룬다.

이러한 흐름은 다음과 같은 교육적 효과로 이어진다. 첫째, 고차적 사고력 함양이다. 탐구 공동체는 학생의 비판적 사고·창의적 사고·배려적 사고를 동시에 성장시킨다. 둘째, 민주적 대화 문화 체험이다. 경청, 근거 제시, 반론의 예절, 합의의 경험을 통해 학생은 민주시민(나아가 생태시민)으로 성장하는 연습을 한다. 셋째, 삶의 문제 성찰 역량 강화이다. 교과 지식의 이해를 넘어, 삶의 기준과 의미를 묻고 스스로의 판단을 책임지는 힘을 기른다.

립맨의 탐구 공동체 수업은 결국 질문-대화-공동 탐구-성찰의 흐름 속에서, 교실을 작은 철학 공동체로 만들어 학생들이 '함께 생각하고 살아가는 법'을 배우도록 한다. 인공지능 시대에 이 수업이 필요한 이유는 분명하다. AI가 답을 내놓을수록, 우리는 더 정확히 물어야 한다. 그리고 더

인간답게, 서로의 말에 귀 기울여야 한다.[6]

[탐구 공동체 수업의 핵심과 세부요소]

구분	핵심 내용	세부 요소
철학적 기반	탐구, 대화의 과정	교실, 철학 공동체
기본 원리	수업 원리	① 질문 중심
		② 대화와 토론
		③ 공동체적 탐구
		④ 교사의 역할
수업 절차	탐구 절차	① 텍스트 제시
		② 질문 생성
		③ 질문 선택
		④ 공동 탐구
		⑤ 성찰과 정리
교육적 효과	탐구 공동체 수업의 변화	① 고치적 사고력
		② 시민 성장
		③ 삶의 성찰

탐구 공동체 수업의 내용

- 암기 중심 전달을 넘어 서로 묻고, 듣고, 반성하며 지혜롭게 살아가는 힘을 기르는 것이 목표
- 교사가 답을 주기보다 학생이 스스로 질문을 만들고 탐구하는 원리

---

6) Matthew Lipman(2005), pp.116-146.

- 좋은 질문이 공동체 사고의 원동력
- 일방적 강의가 아니라 경청과 연결의 대화 구조를 만드는 원리
- 논쟁보다 공동의 이해와 성찰을 지향하는 원리
- '나'의 사고를 '우리'의 사고로 확장하는 원리
- 비판적 사고, 창의적 사고, 배려적 사고가 통합되는 원리
- 교사는 지식 전달자가 아니라 촉진자 역할을 하는 원리
- 발언을 연결하고 질문을 확장하며 성찰을 돕는 안내자 역할
- 이야기, 동화, 기사, 영상 등 문제의식을 불러일으키는 자료를 제시하는 단계
- 학생이 본문이나 상황에서 탐구 질문을 스스로 만들어 내는 단계
- 투표나 합의로 함께 탐구할 핵심 질문을 결정하는 단계이다
- 대화와 토론으로 질문을 다각도로 탐구하며 의견을 연결, 비판, 보완해 사고를 확장하는 단계
- 탐구 과정을 돌아보고 기록하는 단계
- 개인 성찰과 공동체 성찰을 함께 중시하는 단계
- 비판적 사고, 창의적 사고, 배려적 사고를 동시에 기르는 효과
- 민주적 대화 문화를 체험하며 민주시민, 생태시민으로 성장하는 효과
- 교과 지식을 넘어 삶의 문제를 성찰하는 힘을 기르는 효과

2. 탐구 공동체 수업의 흐름: 질문-근거-대화-전이

교육은 지식을 '완성된 결과'로 건네는 일이 아니라, 사고가 자라나는 과정을 교실에서 다시 살아 움직이게 하는 일이다. 학생이 정리된 답을 맞히는 데 익숙해질수록 배움은 얕아진다. 그러나 스스로 문제를 발견하고 근거를 찾으며 서로의 생각을 엮어 결론을 다듬을수록 배움은 깊어진다. 교육의 실패는 종종 탐구의 결과와 탐구의 과정을 혼동하는 데서 시작된다. 그러므로 교실은 암기의 공간이 아니라, 탐구를 수행하는 공간이어야 한다.

탐구 공동체에서 학생들은 서로를 존중하며 경청하고, 주장에는 이유를 요구하며, 추론을 돕고, 다른 가정을 시도하면서 생각을 함께 전진시킨다. 토론은 언제나 곧게 나아가지 않는다. 되돌아가고 우회하는 과정까지 포함해, 대화 자체가 사고를 성숙시키는 힘이 되도록 만드는 것이 핵심이다. 이 절차가 반복되어 내면화되면, 학생은 공동체에서 하던 방식대로 혼자서도 더 성숙하게 사고하는 힘을 갖게 된다.

탐구의 시동은 저절로 걸리지 않는다. 출발점은 문제에 대한 민감성이다. 모든 것이 지나치게 분명하고 확정되어 있으면 생각은 멈춘다. "왜 그렇지?", "뭔가 이상한데?"라는 낯섦이 살아 있을 때 사고는 움직인다. 따라서 수업은 완성된 설명을 먼저 제공하기보다, 학생의 호기심과 의심이 깨어나도록 문제성을 품은 자료와 상황을 설계해야 한다.

또한 탐구 공동체 수업은 교육의 목표를 '합리성' 하나로 좁히지 않는다. 특히 윤리적 쟁점은 과학처럼 딱 맞는 정답을 기대하기 어렵다. 이때 필요한 것은 합당성 즉, 적절함이다. 윤리적 논의는 완전한 해결보다, 서로의 존중을 지키며 균형을 잡고 타협점을 찾는 방식으로 전개되는 경우가 많다. 결국 시민성은 '완벽한 논증'만이 아니라 현실 속에서 분별 있게 공존하는 판단 능력으로 드러난다.

이해 역시 정보의 양이 아니라, 정보들 사이의 관계 즉, 유사·차이, 원인·결과, 부분·전체, 수단·목적 등을 파악하는 능력이다. 판단은 그 관계를 더 선명하게 세우는 작업이며, 좋은 판단은 비판과 창의가 어우러져 미래의 경험을 더 또렷하게 만드는 결론으로 이어진다. 그러므로 판단은 등급을 매기기 위한 도구가 아니라, 함께 살아갈 삶의 질을 풍부하게 하는 방향으로 작동해야 한다.

이를 위해 학교는 '생각하는 법'을 추상적으로 가르치기보다, 교과 고유의 언어와 방식 속에서 교과적으로 생각하기를 훈련해야 한다. 각 교과의 방식으로 근거와 이유를 세우고 기준을 적용하는 경험이 쌓일 때, 학생은 증거 없이 주장하지 않고, 이유 없이 단정하지 않으며, 기준 없이 판단하지 않는 태도를 갖게 된다.

탐구 공동체 수업의 토대는 말과 관계의 훈련이다. 교실의 담화와 대화는 단순한 말하기가 아니라 지적·도덕적 습관을 형성하는 연습장이다. 서로를 '있는 그대로의 한 사람'으로 대하며 대화할 때, 사고는 기술을 넘어 인격의 태도가 된다. 진정한 자율성은 공동체 속에서 갈등을 더 분명히 보고, 서로의 이유를 따져 보며, 숙고를 통해 더 객관적인 판단으로 나아갈 수 있는 능력이다. 이를 가능하게 하는 핵심 역량은 반성적 사고다. 반성적 사고는 결론의 근거를 아는 데서 멈추지 않고,

숨은 전제와 함축을 찾아내며, 자신이 사용하는 방법과 관점까지 되돌아보는 메타 인지적 사고, 자기 수정적 사고다. 학교가 길러야 할 사고력은 이 반성을 중심으로 비판, 배려, 창의적 차원까지 함께 품어야 한다.[7]

[탐구 공동체 수업의 흐름]

- **1단계: 문제 민감성**
  - 핵심 의미: 탐구는 '낯섦'에서 시작
  - 예시 발문: "여기서 이상한 점은?", "무엇이 확정돼 보이나?"
  - 학생 활동: 불일치·의문 포착, 문제 상황 재진술
- **2단계: 질문**
  - 핵심 의미: 정답이 아니라 '탐구의 문' 만들기
  - 예시 발문: "우리가 진짜 알고 싶은 것은?", "개념으로 묻는다면?"
  - 학생 활동: 사실 질문 → 관계 질문 → 가치/규범 질문 생성
- **3단계: 근거**
  - 핵심 의미: 주장-이유-증거-기준 연결
  - 예시 발문: "그 근거는 어디서 왔나?", "반례는?", "기준은?"
  - 학생 활동: 자료 탐색·검증, 관점 비교, 전제 찾기
- **4단계: 대화**
  - 핵심 의미: 대화가 사고를 전진시킴
  - 예시 발문: "그 말의 뜻은?", "왜 그렇게 생각해?", "다른 가정은?"
  - 학생 활동: 경청·요약·반문, 추론 돕기, 가정 바꾸기

---

7) Matthew Lipman(2005), pp.37-49.

- ■ **5단계: 결론**
  - 핵심 의미: 윤리 영역의 '정답'보다 합당성
  - 예시 발문: "무엇을 지키고 무엇을 양보할까?", "공존의 기준은?"
  - 학생 활동: 균형점 찾기, 합의문/권고안 구성
- ■ **6단계: 전이**
  - 핵심 의미: 배움을 삶의 판단·실천으로 옮김
  - 예시 발문: "다른 상황에 적용하면?", "내 행동 기준은?"
  - 학생 활동: 생활·학교 규칙·온라인 상황 적용, 실천 계획
- ■ **7단계: 반성적 사고**
  - 핵심 의미: 메타 인지·자기 수정
  - 예시 발문: "내 판단의 전제는?", "방법을 바꾸면 결론도 바뀌나?"
  - 학생 활동: 전제·함축 점검, 관점 재조정, 개선안 도출

3부

AI 시대와 '질문 탐구 수업' 열기

1. 탐구의 문: 질문

'질문'은 탐구 공동체 수업의 출발점이며, 교사가 던지는 정답형 문제가 아니라 학생이 스스로 만들어 내는 물음이다. 질문은 단순한 호기심이 아니라 탐구를 여는 문이며, 공동체적 사고를 움직이는 동력이다. 질문을 통해 학생은 자신의 생각을 언어로 정리하고, 타인의 생각과 연결하며 사고의 폭을 넓히는 주체가 된다.

인공지능이 '답'을 빠르게 내어놓는 시대일수록, 교실에서 더 귀해지는 것은 답을 고르는 능력이 아니라 질문을 세우는 힘이다. 탐구 공동체 수업에서 질문은 출발점이다. 그것은 교사가 던지는 정답형 문제가 아니라, 학생이 스스로 길어 올리는 물음이다. 질문은 단순한 호기심이 아니라 탐구를 여는 문이며, 공동체적 사고를 움직이는 동력이다. 학생은 질문을 통해 자기 생각을 언어로 정리하고, 타인의 생가과 연결하머, 더 넓은 이해로 나아가는 주체가 된다.

립맨의 구분에 따르면 질문은 사실적 질문-개념적 질문-철학적(탐구적) 질문으로 나뉜다. 사실적 질문은 정보 확인이나 사실을 묻는 질문이다. 개념적 질문은 개념의 의미, 원리, 정의를 탐구하는 질문이다. 철학적/탐구적 질문은 삶의 근본 문제와 가치 성찰을 요구하며, 정답이 하나로 고정되지 않아 공동 탐구가 필요한 질문이다.

이 질문들이 교실에서 살아 움직이기 위해서는 '만드는 절차'가 필요하다. 질문 만들기 절차는 텍스트 제시와 경험 공유로 시작된다. 동화, 사례, 영상, 사건 등을 통해 문제의식을 열어 학생의 호기심을 자극한다. 이어 개인별, 모둠별 질문 자유 생성 단계에서 떠오르는 물음을 충분히 쏟아 내게 한다. 다음으로 생성된 질문을 사실 질문, 개념 질문, 철학적 질문으로 분류하며 질문의 깊이와 성격을 가시화한다. 그다음 투표나 합의로 공동 탐구 질문을 선택하여 '우리의 질문'을 세운다. 마지막으로 질문을 다듬는다. 모호한 질문을 구체화하고, 닫힌 질문을 열린 질문으로 전환하며, 질문이 더 멀리 갈 수 있도록 문장을 정련한다. 질문은 처음부터 완성된 형태로 등장하지 않는다. 공동체 속에서 다듬어지며, 다듬어지는 과정 자체가 학습이 된다.

에릭슨의 탐구 질문표는 질문을 사실적 질문, 개념적 질문, 논쟁적 질문의 세 유형으로 구분하여 각 질문의 특징과 예시를 제시한 표이다. 사실적 질문은 단원의 학습 내용에 관한 정보를 확인하고 지식의 기초를 마련하는 데 목적이 있는 질문이다. 사실적 질문은 일반화를 이끌어 낼 수 있는 사실적 예시나 사례 연구를 포함할 수 있으나, 다른 상황이나 맥락으로 전이 되기 어렵고 시간·공간·상황에 한정되는 성격을 지닌 질문이다. "창가와 동요 사이에는 어떤 공통점이 있는가?", "이 글에서 글쓴이의 관점은 무엇인가요?", "이 숫자의 값은 무엇인가?", "조선시대 세종대왕의 주요한 업적은 무엇인가?"와 같은 질문이 사실적 질문의 예시이다.

개념적 질문은 자신의 사고를 깊이 있게 하고 전이 가능한 이해로 연결될 수 있도록 하는 질문이다. 개념적 질문은 특정 사례의 맥락을 넘어 일반화 가능한 이해로 확장되는 성격을 지니며, 전이성을 보장하기 위해 3인칭 및 현재 시제로 작성 되는 특징을 가진 질문이다. "글쓴이는 자신의 관점을 뒷받침하는 주장을 어떻게 구성하는가?", "민주주의의 가치와 윤리는 비판적인 분석에서 어떤 점에 영향을 미치는가?", "숫자에서 숫자의 값을 결정하는 것은 무엇인가?", "예술가의 정체성이 예술적 과정과 어떻게 연결될 수 있을까?"와 같은 질문이 개념적 질문의 예시이다.

논쟁적 질문은 비판적 사고와 대화를 촉진하는 질문이다. 논쟁적 질문은 사실적 질문이거나 개념적 질문일 수 있으나, 정답이 없고 토론을 촉발한다는 점에서 구별되는 질문이다. "다른 사람이 나의 관점을 받아들이도록 설득하는 것이 윤리적인가?", "숫자의 값을 결정하는 수학적 규칙이 없다면 어떻게 될까?", "예술가가 작품 속에서 자신의 정체성을 드러내지 않는 것이 가능한가?", "국가는 개인의 자유를 제한할 수 있는가?"와 같은 질문이 논쟁적 질문의 예시이다.

립맨(P4C)과 에릭슨(CBI)의 비교분석표는 두 접근을 목적, 질문 구조, 수업 맥락, 사고 차원의 네 기준으로 비교하고 공통점과 차이점을 정리한 표이다. 목적 측면에서 립맨의 탐구 공동체는 철학적 성찰과 고차적 사고 촉진을 목표로 하는 접근이다. 에릭슨의 개념 기반 탐구학습은 개념적 이해와 전이(transfer) 촉진을 목표로 하는 접근이다. 두 접근은 학생의 사고 확장과 질문 중심 학습을 공통점으로 지니나, 립맨은 '철학적 사유'를 강조하고 CBI는 '개념 일반화'를 강조한다는 차이를 지닌다.

질문 구조 측면에서 립맨의 탐구 공동체는 사실, 개념, 가치, 메타 인지 질문을 포함하는 폭넓은 질문 체계를 지닌 접근이다. 에릭슨의 개념 기반 탐구학습은 사실 질문, 개념 질문, 논쟁 질문을 중심으로 질문을 설계하는 접근이다. 두 접근은 사실과 개념 질문을 공통으로 포함하나, 립맨은 가치, 메타 인지 질문을 포함하여 성찰의 층위를 넓히고 CBI는 토론과 전이를 중심으로 질문을 조직한다는 차이를 지닌다.

수업 맥락 측면에서 립맨의 탐구 공동체는 탐구 공동체를 형성하여 철학적 대화를 수행하는 수업 맥락을 지닌 접근이다. 에릭슨의 개념 기반 탐구학습은 개념 기반 학습을 통해 범교과 전이를 지향하는 수업 맥락을 지닌 접근이다. 두 접근은 학생 중심 대화와 탐구적 태도를 공통으로 지니나, 립맨은 '왜 생각하는가'에 집중하고 CBI는 '무엇을 이해하고 일반화 하는가'에 집중한다.

사고 차원 측면에서 립맨의 탐구 공동체는 비판적 사고, 창의적 사고, 배려적 사고, 메타 인지적 사고를 통합적으로 촉진하는 접근이다. 에릭슨의 개념 기반 탐구학습은 개념적 이해, 일반화, 전이의 과정을 통해 사고를 심화시키는 접근이다. 두 접근은 사고 심화를 지향한다는 공통점이 있으나, 립맨은 철학적 성찰의 심화를 중심으로 사고를 확장하고 CBI는 교육 과정적 전이를 중심으로 사고를 조직한다는 차이가 있다.

2. 질문의 힘: 사고의 엔진

질문 만들기의 교육적 의의는 학생을 학습의 주체로 세우는 데 있다. 질문 생성은 단순한 지식 확인을 넘어 비판적 사고, 창의적 사고, 배려적 사고를 함께 작동시키는 고차적 사고 활동이다. 또한 질문을 함께 선택하고 탐구하는 과정은 민주적 의사소통 문화를 '배우는' 것이 아니라 직접 경험하는 과정이 된다. 말이 오가고, 이유가 세워지고, 서로의 관점이 존중받는 자리에서 학생은 공동체적 사고의 시민이 된다.[8]

이 지점에서 질문은 두 교육 접근에서 서로 다른 역할로 조명된다. 립맨의 P4C(탐구 공동체)는 학생이 스스로 질문을 던지고 대화 속에서 사고를 확장하는 것을 강조한다. 질문은 학습을 성찰과 비판, 윤리적 사고로 심화시키는 장치이며, 공동체가 함께 살아 움직이는 사고의 매개다. 반면 에릭슨의 CBI(개념 기반 탐구학습)는 사실 → 개념 → 일반화 → 전이의 구조 속에서 질문을 설계하는 접근이다. 여기에서 질문은 교육과정의 핵심 개념 이해를 돕고, 일반화 문장을 통해 새로운 상황으로 전이하도록 이끄는 도구로 작동한다. 같은 '질문'이지만, P4C에서는 공동체의 사고를 여는 열쇠로, CBI

---

8) 에릭슨은 개념 기반 교육과정과 수업을 설계할 때에 고차원적 전이를 운에 맡겨서는 안 되며, 의도적으로 설계해야 하고, 교육은 여러 기능을 배우거나 많은 정보를 획득하는 것 이상이어야 한다고 주장한다. 사회에서 생존은 모든 분야에서 창의적으로 대응하는 능력에 달려 있다고 본다. 지적 성향은 창의적 사고, 비판적 사고, 반성적(메타 인지적) 사고를 포함하며 개념적 사고를 추가하고 있다. H. Lynn Erickson·Lois A, Lanning and Rachel French(2019), pp.29-52.

에서는 개념 이해와 전이를 조직하는 설계 도구로 강조점이 달라진다.

그리고 질문을 진짜 질문이게 만드는 힘은 결국 맥락이다. '맥락(context)'은 라틴어 '함께 짜다'라는 뜻인 *contexere*에서 유래한 말로, 개별 요소들이 서로 얽혀 의미를 형성하는 전체적인 상황을 뜻한다. 어떤 말, 행동 사건이 발생하는 조건과 배경, 주변의 상황이 바로 맥락이다. 철학적으로는 해석학이 말하듯 텍스트나 발언의 의미는 그것이 놓인 맥락 속에서 온전히 이해된다. 언어학적으로도 단어와 문장은 앞뒤 문맥과 상황, 화자의 의도 속에서만 정확한 의미를 드러낸다. 예컨대 "차가워"라는 말은 날씨일 수도, 마음일 수도 있는데, 맥락이 있어야 의미가 분명해진다. 교육학적으로 맥락은 학습자의 경험과 가치 그리고 환경과 수업 장면의 상황까지 고려하게 한다. 맥락 없는 지식은 추상적 암기에 머무르지만, 맥락 있는 학습은 삶과 연결된 이해를 가능하게 한다. 따라서 맥락이란 개별 요소(말, 행동, 사건, 지식)가 전체 속에서 어떤 의미를 갖는지를 결정하는 배경적 조건과 상황의 얽힘이며, 질문이 '살아 있는 물음'으로 서도록 돕는 토양이다.

인공지능 시대에 질문은 더 이상 수업의 장식이 아니다. 질문은 생각을 조직하고, 의미를 세우며, 삶을 이해로 엮어내는 시작점이다. 그래서 우리는 '답'보다 먼저, '질문'부터 시작한다.

[질문의 핵심 내용]

구분	핵심 내용	세부 요소	예시, 특징
질문 역할	수업의 출발은 학생 질문	출발점 전환	• 교사 정답형 문제 중심 수업에서 학생 생성 질문 중심 수업으로 전환
		탐구 촉발	• 질문은 호기심을 넘어 탐구를 여는 문이다, 공동체 사고의 동력
		사고 연결	• 질문은 사고의 언어화, 타인의 생각과의 연결
질문 유형 (립맨)	질문의 유형	사실적 질문	• 정보 확인, 사실 파악 중심 질문 • 예시: "소수서원은 언제 세워졌나요?"
		개념적 질문	• 개념의 의미, 원리, 정의 탐구 질문 • 예시: "공정하다는 것은 어떤 의미일까요?"
		철학적, 탐구적 질문	• 가치, 삶의 근본 문제 성찰 질문 • 정답 비고정, 공동 탐구 필요 질문 • 예시: "행복은 누구에게나 같은 것일까요?"

[질문 생성의 단계적 절차]

세부 요소	예시, 특징
텍스트 읽기, 경험 공유	• 동화, 사례, 영상, 사건 제시를 통한 호기심 자극 단계
자유 질문	• 개인, 모둠별 떠오르는 질문 기록 단계
질문 분류	• 사실적, 개념적, 철학적 질문으로 분류 단계
질문 선택	• 투표, 합의로 공동 탐구 질문 결정 단계
질문 다듬기	• 모호성 축소, 닫힌 질문의 열린 질문 전환 단계 • 예시: "공자가 훌륭한 사람인가요?" → "훌륭한 사람의 판단 기준은 무엇일까요?"

[질문의 교육적 의의]

핵심 내용	세부 요소	예시, 특징
질문 만들기 → 학습을 심화함	주체적 참여	• 학생 주도 학습 참여 촉진
	고차적 사고	• 비판적 사고, 창의적 사고, 배려적 사고 발휘 촉진
	민주적 의사소통	• 질문 선택, 공동 탐구 과정에서 민주적 소통 문화 체험

[질문의 초점]

립맨,	• P4C(Philosophy for Children)는 **탐구 공동체 (Community of Inquiry)** 수업 기반 • 학생 질문 생성과 사고 확장 강조 • 질문은 '성찰-비판-윤리적 사고'로 심화 장치
에릭슨	• CBI(Concept-Based Inquiry) • 사실 → 개념 → 일반화 → 전이 구조 기반 • 교육과정 중심 질문 설계 • 개념 이해와 전이 초점

[립맨의 질문 유형]

■ **사실적 질문**(Factual Question)

• 단순한 사실이나 지식, 정보 확인

• 정답이 하나로 고정됨

• 소수서원은 언제 세워졌나요?

• 공자는 어느 시대 사람인가요?

• '조의제문'을 쓴 사람은 누구인가요?

• 이 이야기의 주인공은 누구인가?

- **개념적 질문**(Conceptual Question)
  - 개념의 정의, 원리, 의미 기준을 탐구하는 질문
  - 답이 하나로 고정되지 않음
  - 훌륭한 사람은 어떤 기준으로 판단할 수 있을까요?
  - 정의롭다는 것은 어떤 의미일까요?
  - 공동체란 무엇인가요?
  - 정의란 무엇인가?

- **철학적/탐구적 질문** (Philosophical/Inquiry Question)
  - 가치, 의미, 삶의 본질에 관한 성찰적 질문
  - 공동 탐구가 필요한 질문
  - 행복은 누구에게나 같은 것일까요?
  - 자연을 존중한다는 것은 무엇을 의미할까요?
  - 우리는 왜 도덕적으로 살아야 할까요?
  - 거짓말은 항상 잘못된 일일까?

- **메타 인지 질문**(Metacognitive Questions)
  - 자기 사고 성찰, 사고 과정에 대한 질문
  - 내가 이렇게 생각하는 이유는 무엇일까?

[에릭슨의 질문 유형]

- **사실적 질문**(Factual Question)
  - 단원의 학습 내용에 관한 것
  - 지식의 기초를 마련하는 것에 목적
  - 일반화를 이끌어 낼 사실적 예시나 사례 연구를 포함
  - 다른 상황이나 맥락에 전이될 수 없고, 시간, 공간, 상황 등에

한정됨

- 창가와 동요 사이에는 어떤 공통점이 있는가?
- 이 글에서 글쓴이의 관점은 무엇인가요?
- 이 숫자의 값은 무엇인가?
- 조선시대 세종대왕의 주요한 업적은 무엇인가?

■ **개념적 질문**(Conceptual Question)
- 자신의 사고를 깊이 있고 **전이** 가능한 이해로 연결지을 수 있는 질문
- **맥락**을 넘어 전이 가능한 이해로 확장
- 전이성을 보장하기 위해 3인칭 및 현재 시제로 작성됨
- 글쓴이는 자신의 관점을 뒷받침하는 주장을 어떻게 구성하는가?
- 민주주의의 가치와 원리는 비판적인 분석에서 어떤 점에 영향을 미치는가?
- 숫자에서 숫자의 값을 결정하는 것은 무엇인가?
- 예술가의 정체성이 예술적 과정과 어떻게 연결될 수 있을까?

■ **논쟁적 질문** (debatable questions)
- 비판적 사고와 대화를 촉진하는 질문
- 사실적이거나 개념적일 수 있지만 정답이 없으며 토론을 촉발
- 다른 사람이 나의 관점을 받아들이도록 설득하는 것이 윤리적인가?
- 숫자의 값을 결정하는 수학적 규칙이 없다면 어떻게 될까?
- 예술가는 작품 속에서 자신의 정체성을 드러내지 않는 것이 가능한가?
- 국가는 개인의 자유를 제한할 수 있는가?

구분	탐구 공동체 질문	개념 기반 탐구학습	공통점	차이점
목적	철학적 성찰과 고차적 사고 촉진	개념적 이해와 전이(transfer) 촉진	학생의 사고 확장, 질문 중심 학습	• 립맨은 '철학적 사유' 강조 • CBI는 '개념 일반화' 강조
질문 구조	사실, 개념, 가치, 메타인지 질문	사실 질문, 개념 질문, 논쟁 질문	사실과 개념 질문 공통	• 립맨은 가치·메타인지 포함 • CBI는 토론·전이 중심
수업 맥락	탐구 공동체 (철학적 대화)	개념 기반 학습 (범교과 전이)	학생 중심 대화, 탐구적 태도	• 립맨은 '왜 생각하는가'에 집중 • CBI는 '무엇을 이해하고 일반화하는가'에 집중
사고 차원	비판적 사고 창의적 사고, 배려적 사고, 메타인지적 사고	개념적 이해, 일반화, 전이	사고 심화 지향	• 사고의 초점: 철학적 성찰 vs 교육과정적 전이

---

9) P4C(Philosophy for Children): 질문-대화-성찰을 통해, 아이들이 '생각하는 힘'을 공동체 안에서 길러 가는 철학 대화 수업(탐구 공동체, Community of Inquiry)이다.

2) CBI(Concept-Based Instruction): 수업 설계와 교수 강조, 사실·사례를 '개념 렌즈'로 조직해 이해와 전이를 이끄는 개념 기반 수업 설계 접근이다. CBI(Concept-Based Inquiry)는 질문·탐구 루틴 강조, 개념을 중심에 두고, 학생 질문으로 탐구를 열어 근거를 세우며 전이까지 나아가는 개념 기반 탐구 접근이다. Lipman, Matthew. Philosophy for Children, Erickson, H. Lynn. Concept-Based Curriculum and Instruction

AI 시대와 '개념 기반 탐구학습'

4부

1. 탐구 기반 학습과 개념 기반 학습의 특징

개념(concepts)이란 새로운 상황과 맥락으로 전이되는 소재 또는 과정으로부터 도출되는 정신적 구성물을 말한다. 개념은 추상적, 시간을 초월하고 보편적 사물, 상황, 그리고 아이디어를 의미 있게 연결될 수 있도록 한다. 개념 기반 탐구에서 교사는 학생들이 지식 기반 또는 과정 기반 일반화를 개발하도록 세 가지 종류의 탐구 연속체를 기반으로 학습 활동을 계획한다.[10]

[개념 기반 탐구의 기초]

탐구 기반 학습	개념 기반 탐구	개념 기반 학습
• 적극적 질문 활용 • 탐구 연속체 • 구조화된 탐구 　→안내된 탐구 　→ 개방형 탐구 • 증진: 기심, 가설 개발 능력, 적극적 문제 해결 능력	• 질문, 탐구 과정 속에서 핵심 개념을 찾아 연결함 • 사실, 사례, 텍스트 탐색 　→개념 추출, 관계 파악 　→일반화 진술 도출 　→새로운 맥락으로 전이	• 전이 가능한 이해 개념 중심 • 개념의 성격 • 추상직, 보편적, 시간과 공간을 초월함 • 사물, 상황, 아이디어를 의미 있게 연결함

탐구 기반 학습과 개념 기반 학습은 서로 다른 방향을 향한 학습으로, 탐구 기반 학습은 핵심 질문이 '무엇을 발견할 수 있는가?'인 학습이다. 목표는 사실을 탐색하고 문제를 해결하는 능력을 기르는 데 있다. 경험과 문제를 중심으로 학생이 질문을

---

10) Carla Marschall·Rachel French(2021), pp.20-23.

만들고 자료를 조사하며 발견해 나가는 방식이다. 사고 수준은 분석, 탐색, 종합, 실험과 같은 활동 중심의 흐름으로 나타나며, 산출물은 보고서, 실험 결과, 조사 자료처럼 탐구 과정과 결과가 드러나는 형태로 제시된다. 평가는 탐구 과정과 결과에 대한 수행평가에 무게가 실린다. 학습 효과로는 문제 해결력과 자기 주도성 향상이 있다.

개념 기반 학습은 핵심 질문이 '무엇을 깊이 있게 이해하고 일반화(전이)할 수 있는가?'인 학습이다. 목표는 추상 개념과 일반화를 통해 전이 가능한 이해를 만드는 데 있다. 부분적 개념을 중심으로 개념 간 관계를 탐색하며 일반화를 도출하는 방식의 학습이다. 사고 수준은 추상화, 개념화, 연결, 전이로 정리되며, 전개 방식은 교사가 개념적 틀을 제공하고 그 틀에 따라 학생의 사고를 확장하도록 돕는 구조로 진행된다. 산출물은 일반화 문장, 개념 연결도, 개념 적용 활동처럼 생각의 구조가 보이는 결과물로 제시되며, 평가는 개념 이해도, 일반화 구성력, 전이 적용력을 중심으로 이루어진다. 학습 효과로는 깊이 있는 이해, 개념적 사고력, 전이 가능성의 향상이 있다.

2. 개념 기반 탐구학습의 특징

개념 기반 탐구학습은 탐구와 개념을 '섞는' 것이 아니라 '엮는' 학습이다. 탐구 기반 학습이 현실의 문제를 파고들어 발견을 만들고, 개념 기반 학습이 그 발견을 보편적 이해로 조직한다면, 개념 기반 탐구학습은 두 접근을 분리하지 않고 통합 적용하는 학습으로 기능할 수 있다. 즉, 개념 기반 탐구학습은 탐구의 과정과 개념의 깊이를 함께 살려 학습이 '한 번의 프로젝트'로 끝나지 않고 '다른 상황으로 옮겨 갈 수 있는 이해'로 확장되도록 설계하는 학습이라 할 수 있다.

탐구 기반 학습의 수업 예시는 "우리 동네의 쓰레기 문제 해결하기(사회·과학 융합)"와 같은 단원으로 제시될 수 있다. 학습 질문은 "우리 동네에 쓰레기 문제가 심각한 이유는 무엇일까?"와 같이 원인과 현실을 파악하도록 한다. 주요 활동은 배출 현황 조사, 주민 인터뷰, 수거센터 관찰, 해결책 제안 포스터 제작으로 구성된다. 교사의 역할은 자료 수집 방법을 안내하고 조사 도구를 제공하며 팀 프로젝트를 촉진하는 역할이다. 학습 결과는 탐구 보고서, 정책 제안서, 프레젠테이션으로 제시된다. 사고 중심은 문제 해결, 조사 분석, 자기 주도적 탐색에 놓인다. 핵심 특징은 학생 주도 탐색과 현실 문제 해결이 중심이 되며 탐구 자체가 목표가 되기 쉬워 개념보다 과정이 전면에 나타날 수 있다는 점이다.

개념 기반 학습의 수업 예시는 "공정성의 개념 이해하기 (도덕과)"와 같은 단원으로 제시될 수 있다. 개념적 렌즈는 공정성, 규칙, 권리로 제시된다. 학습 질문은 "공정함이란 무엇인가?", "모든 규칙은 공정한가?"와 같이 개념의 의미와 기준을 묻는다. 주요 활동은 다양한 규칙 사례 분석, 예/비예 분류 활동, 공정/불공정에 대한 글쓰기로 구성된다. 교사의 역할은 개념적 질문을 제공하고 오개념을 교정하며 사고 확장을 위한 피드백을 제공하는 것이다. 학습 결과는 일반화 문장, 개념 정리도, 에세이로 제시된다. 사고 중심은 개념 형성, 추상화, 관계 연결에 놓인다. 핵심 특징은 보편 개념을 중심으로 사고를 구조화하고 학생이 개념을 통해 현실을 해석하며 전이 가능한 이해를 조직하는 데 초점을 둔다는 점이다.

개념 기반 탐구학습의 수업 예시는 "기술 발전은 우리 삶에 어떤 영향을 줄까?"와 같은 주제로 제시된다. 개념 기반 탐구학습은 탐구와 개념의 두 층이 함께 작동하는 학습이다. 첫째 층은 탐구 기반 층으로 인공지능, 스마트기기 관련 뉴스를 탐색하고 다양한 기술 사례를 조사하는 활동으로 구성되는 층이다. 둘째 층은 개념 기반 층으로 변화, 편리함, 윤리, 책임 등의 개념적 렌즈로 사례를 분석하고 "기술은 삶의 형태를 어떻게 변화시키는가?"와 같은 일반화 문장을 구성하는 층이다. 결과물은 개념 매핑, 탐구 보고서, 발표 자료로 구성된다. 핵심 특징은 탐구가 활동과 과정을 강화하고 개념이 사고와 이해의 깊이를 형성하며, 두 접근이 통합적으로 설계될 때 학생들이 전이 가능한 개념 이해를 분명히 한다는 점, 나아가 다른 탐구 모델에서도 탐구 기술과 전략을 확장하는 데 도움이 되는 형태로 제시된다는 점이다.[11]

---

11) 개념 기반 탐구학습에서 사용하는 용어는 다음과 같다. ① **개념** (Concep): 새로운 상황이나 맥락으로 전이되는 과정이나 소재에서 도출된 정신적 구성물 ② **개념적 렌즈(Conceptual lens)**: 개념(일반적으로 매크로 개념) 해석상의 초점을 제공하고, 낮은 수준

[탐구 기반 학습 VS 개념 기반 탐구 VS 개념 기반 학습

탐구 기반 학습	
핵심초점	질문을 활용한 탐구 수행
구성요소	• 적극적 질문 활용, 탐구 연속체(구조화된 탐구, 안내된 탐구, 개방형 탐구)
교사·학생 역할	• 구조화된 탐구에서 교사 주도 높음 • 안내된 탐구에서 역할 분담 확대, 개방형 탐구에서 학생 주도 높음
기대효과	• 호기심 증진, 가설 개발 능력 증진 • 적극적 문제 해결 능력 증진

개념 기반 탐구	
핵심초점	탐구 속에서 개념을 찾아 연결, 전이
구성요소	사실, 사례, 텍스트 탐색 • 개념 추출 • 관계 파악 • 일반화 진술 도출 • 새로운 맥락으로 전이
교사·학생 역할	• 질문을 따라 탐구하며 개념을 렌즈로 사용 • 의미 연결과 일반화로 사고 확장
기대효과	• 탐구의 깊이 강화 • 이해의 구조화 • 전이 가능한 이해 형성

의 사고와 높은 수준의 사고 사이에 지적 시너지 효과 제공 ③ **개방형 탐구(Open Inquiry)**: 학생 질문에 초점을 맞추고 교사 또는 학생이 제기한 문제를 해하기 위해 학생이 설계한 절차에 초점을 맞춘 탐구학습의 한 형태 ④ **구성주의(Construcivism)**: 학습이 적극적인 과정이라는 생각에 기초하고, 학습자가 자신의 경험에서 의미 구성 ⑤ **구조화된 탐구(Structured inquiry)**: 학생들이 일반적으로 규정된 절차를 동해 교사가 구성한 안내 질문을 조사하는 탐구학습의 한 형태 ⑥ **귀납적 접근 방식(Inductive approach)**: 학생들이 사실적 예를 탐색하고 공통점을 찾은 다음 일반화를 형성하는 상향식 학습 형식 ⑦ **동화(Assimiation)**: 새로운 정보에 대한 노출을 기반으로 자신의 정신 스키마를 변경하거나 수정하는 인지 과정 ⑧ **발견학습(Discovery leaming)**: 학생들이 문제 해결의 상황 속에 자신의 사전 지식을 사용하여 개념과 아이디어를 발견. Carla Marschall·Rachel French(2021), pp.321-322.

개념 기반 학습	
핵심초점	전이 가능한 이해 개념 중심 학습
구성요소	• 핵심 개념 중심 학습 구성 • 개념의 성격(추상성, 보편성, 시간과 공간 초월성) • 의미 있는 연결 강조
교사·학생 역할	• 사실 축적을 넘어 개념, 일반화 중심의 이해 구성
기대효과	• 새로운 상황 적용력 강화 • 개념적 이해 강화 • 학습 전이 촉진

[탐구 기반 학습 VS 개념 기반 학습 비교]

구분	탐구 기반 학습 (Inquiry-Based Learning)	개념 기반 학습 (Concept-Based Learning)
핵심 질문	"무엇을 발견할 수 있는가?"	"무엇을 깊이 있게 이해하고 일반화할 수 있는가?"
목표	•사실을 탐색하고 문제를 해결하는 능력 배양	•추상 개념과 일반화를 통해 전이 가능한 이해 형성
주요 특징	•경험 기반, 문제 중심, 질문 생성 및 조사 활동 중심	•보편적 개념 중심, 개념 간 관계 탐색, 일반화 도출
사고 수준	•분석, 탐색, 종합, 실험	•추상화, 개념화, 연결, 전이
전개 방식	•학생이 질문을 만들고 자료를 조사하며 발견	•교사가 개념적 틀을 제공하고 그에 따라 사고 유도
산출물	•보고서, 실험 결과, 조사 자료 등	•일반화 문장, 개념 연결도, 개념적 적용 활동 등
대표 전략	•프로젝트 학습, 실험 활동, 자료 수집	•예/비예, 개념 매핑, 교차 비교, 개념적 렌즈 활용
평가 중심	•탐구 과정과 결과에 대한 수행평가	•개념 이해도, 일반화 구성력, 전이 적용력 평가
학습 효과	•문제 해결력, 자기 주도성 향상	•깊이 있는 이해, 개념적 사고력, 전이 가능성 향상

[탐구 기반 학습 예시]

항목	내용
단원 예시	*"우리 동네의 쓰레기 문제 해결하기"* (사회·과학 융합)
	·
학습 질문	"우리 동네에 쓰레기 문제가 심각한 이유는 무엇일까?"
주요 활동	•쓰레기 배출 현황 조사 •주민 인터뷰 •분리수거 실태 관찰 •해결책 제안 포스터 제작
교사 역할	•자료 수집 방법 안내, 조사 도구 제공, 팀 프로젝트 촉진
학습 결과	•탐구 보고서, 정책 제안서, 프레젠테이션
사고 중심	•문제 해결, 조사 분석, 자기 주도적 탐색
핵심 특징	•학생 주도 탐색 + 현실 문제 해결 중심 •'탐구' 자체가 목표이며, 개념보다는 문제 해결 과정을 중시 　→학습을 추진하기 위해 적극적으로 질문을 하는 것에 초점

[개념 기반 학습 예시]

항목	내용
단원 예시	*"공정성의 개념 이해하기"* (도덕과)
개념적 렌즈[12)	공정성, 규칙, 권리
학습 질문	"공정함이란 무엇인가?" "모든 규칙은 공정한가?"
주요 활동	•다양한 규칙 사례 분석 •예/비예 분류 활동, •공정성과 불공정에 대한 글쓰기
교사 역할	•개념적 질문 제공, 오개념 교정, 사고 확장 피드백
학습 결과	•일반화 문장, 개념 정리도, 에세이
사고 중심	•개념 형성, 추상화, 관계 연결
핵심 특징	•보편 개념 중심 + 전이 가능한 사고 구조화 •학생은 개념을 통해 현실을 해석하고, 그 안에서 **생각하는 방식**을 배움 　→학습을 조직하기 위해 전이 가능한 이해에 초점을 둠

---

12) 개념적 렌즈는 수업의 내용과 활동이 흩어지지 않도록 무엇을 바라보고 어떻게 해석할지 방향을 제시하는 기준이다. 개념적 렌즈

[개념 기반 학습 사례]

주제 예시	"기술 발전은 우리 삶에 어떤 영향을 줄까?"
접근 방식	통합 적용 예
탐구 기반	•인공지능, 스마트기기 관련 뉴스 탐색 •다양한 기술 사례 조사
개념 기반	•변화, 편리함, 윤리, 책임 등의 개념적 렌즈로 사례 해석 •"기술은 삶의 형태를 어떻게 변화시킬까?"라는 일반화 구성
결과물	•개념 매핑 + 탐구 보고서 + 발표 자료
핵심 특징	•탐구는 활동과 과정을 강화하고, 개념은 사고와 이해의 깊이를 형성하는데, 두 접근은 분리된 방식이 아니라, 통합적 수업 설계의 두 축이 되어야 함. →학생들이 전이 가능한 개념 이해를 명확히 하고, 다른 탐구 모델에 있는 탐구 기술과 전략을 개발하는 데 도움이 되는 탐구학습의 한 형태를 나타냄

1) 교수 연속체에서의 다양한 접근[13)]

교수 연속체
[구조적]   [개방형]
직접 교육(교사 중심) — 구조화된 탐구 — 안내형 탐구 — 개방형 탐구 — 발견학습

를 통해 학생은 개별 사실을 넘어 관계·원리·패턴을 파악하며 이해의 깊이를 더하는 학습을 하게 되는 것이다. 이 과정에서 형성된 이해는 새로운 상황에 적용되는 전이로 이어지기 쉬운 것이다. 또한 서로 떨어져 보이던 지식과 경험이 하나의 개념 아래 연결되며 통합적 사고의 시너지가 일어나는 것이다. 개념 기반 교육과정에서 개념적 렌즈는 학습 내용을 걸어 두는 '옷걸이'와 같은 구조물이다. 교사는 개념적 렌즈를 활용하여 학생이 학습 과정에서 자신만의 질문과 해석을 이끌어 내도록 돕는 존재이다. H. Lynn Erickson·Lois A, Lanning and Rachel French(2019), pp.32-22

13) Carla Marschall·Rachel French(2021), pp.22-27.

(1) 학습자의 사고를 이끄는 질문 유형

* 사실적 질문: "무엇을 관찰했는가?", "어떤 특징이 있는가?"
* 개념적 질문: "이 개념의 본질은 무엇인가?", "이 사례들 간의 공통점은?"
* 전이 질문: "이해한 개념을 다른 맥락에 적용한다면 어떻게 되는가?"

(2) 일반화란?

일반화(generalization)는 학생이 사실과 기능을 통합하여 도출한 개념 간의 관계 진술로, 학생들이 탐구의 결과로 이해하게 되는 중요하고 전이 가능한 개념적 아이디어이다. 시간, 장소, 상황에 국한되지 않고 전이가 가능한 이해를 생성한다. "개념적 이해", "큰 아이디어", "중심 개념", "탐구 진술" 등으로도 불리며, 단원의 목적지와도 같은 사고의 결론이라 할 수 있다. 일반화는 명시적 교육이 필요한 고차 사고능력이다. 조용한 학생, 어려움을 겪는 학생, 영재 학생 모두 일반화 학습이 가능하며, 사의 사고 스캐폴딩과 전략적 질문이 필수이다.

(3) 일반화 구성 기준

반드시 포함해야 할 요소	피해야 할 요소
개념적 관계를 설명하는 **강한 동사** 사용	"~이다", "~영향을 준다" 등 약한 서술어
일반적 대명사(그들, 집단 등) 사용	특정한 대명사(나, 우리, 그 남자 등)
능동형 문장	수동태 문장
2개 이상의 개념 연결	단일 개념 사용
전이 가능한 시제 사용	과거/미래 시제
가치 판단 배제	"~해야 한다"와 같은 당위적 표현

① 강력한 일반화 개발을 위한 예시

요소(조건)	의미(왜 필요한가)	간단 예시(표현)
일반화	• 한 번의 사건이 아니라, 여러 사례를 꿰는 **규칙·패턴**으로 말함	• "~는 ~에서 ~로 드러난다." • "~일수록 ~하다."
2개 이상의 개념	• 단일 단어 설명이 아니라 **개념 간 관계**를 세움	• "권위-책임", "자유-존중", "공정-신뢰"
현재형 시제	• 늘 작동하는 원리처럼 **지금도 통하는 문장**으로 만듦	• "~한다 / ~된다 / ~일 수 있다"
능동태 문장	• 주체가 살아 있는 문장으로 **힘 있게** 말함	• "책임은 신뢰를 만든다."
주어의 3인칭	• '나/우리'가 아니라, 누구에게나 적용되는 **보편 주어** 사용	• "학생은…", "시민은…", "공동체는…" ('나/우리'는 지양)
강한 동사 사용	• 의미가 흐리지 않게 **결과·작용**이 드러나는 동사 선택	• "영향을 미친다", "영향을 준다", "가지다"
가치·판단에서 자유로운 진술	• '좋다/나쁘다' 단정 대신, **설명 가능한 문장**으로 세움	• "~는 ~을 촉진한다/약화시킨다."
필요에 따라 수식어 사용	• 과도한 단정을 피하고 **조건·범위**를 정교하게 함	• "대체로", "종종", "~한 경우", "~할 때"

② 도덕과 수업에서 사용할 수 있는 일반화 문장 예시

연번	강력한 일반화	포함 개념	조건/수식어
1	권위는 책임과 절차를 통해 정당성을 획득한다.	권위-책임-절차-정당성	대체로
2	규칙은 공정성과 예측 가능성을 높일 때 신뢰를 형성한다.	규칙-공정-예측 가능성-신뢰	~할 때
3	자유는 타인의 권리와 경계를 존중할 때 지속된다.	자유-권리-경계-존중	~할 때
4	배려는 관계의 갈등을 완화하고 공동체의 안전감을 강화한다.	배려-갈등-관계-공동체-안전감	종종
5	책임은 선택의 결과를 감당하는 과정에서 성숙을 촉진한다.	책임-선택-결과-성숙	대체로
6	차별은 기회의 불평등을 확대하고 소속감을 약화시킨다.	차별-기회-불평등-소속감	흔히
7	대화는 관점의 차이를 드러내며 타협의 가능성을 넓힌다.	대화-관점-차이-타협	대체로
8	폭력은 두려움을 증폭시키고 갈등의 악순환을 고착시킨다.	폭력-두려움-갈등-악순환	종종
9	정의는 기준의 일관성과 설명 가능성을 요구한다.	정의-기준-일관성-설명 가능성	대체로
10	공동선은 개인의 이익과 공익의 균형 속에서 구현된다.	공동선-개인 이익-공익-균형	~속에서

③ 도덕과 수업에서 사용할 수 있는 주제별 강력한 일반화 문장 예시

· 국가의 권위와 시민의 의무

-국가의 권위는 법과 절차의 정당성을 통해 승인된다.

-시민의 의무는 권리의 보장과 공공질서의 유지에 기여한다.

-권위는 강제력보다 신뢰와 정당성에 의해 지속된다.

-법은 자유의 경계를 설정하며 공동체 안전을 조정한다.

-공공선은 개인의 이익과 사회적 책임의 균형 속에서 실현된다.

-불복종은 정의와 법질서의 긴장을 드러내며 정당화 조건을 요구한다.

-정당한 권위는 권력의 남용을 제한하는 견제 장치를 필요로 한다.

-시민 참여는 국가 운영의 투명성과 책임성을 강화한다.

-사회계약은 권리의 위임과 의무의 수용을 통해 정치적 질서를 구성한다.

-정책 결정은 절차적 공정성이 낮을수록 사회적 갈등을 증폭시킨다.

· **인권**

-인권은 인간의 존엄을 근거로 보편적 권리의 기준을 제시한다.

-평등은 기회의 접근성과 차별의 배제 속에서 구체화된다.

-차별은 권리의 실질적 보장을 약화시키고 사회적 배제를 확대한다.

-표현의 자유는 타인의 권리와 안전의 경계 안에서 조정된다.

-사회적 약자 보호는 권력 비대칭을 완화하고 접근성을 높인다.

-혐오 표현은 존엄과 안전을 침해하며 공동체 신뢰를 약화시킨다.

-권리 보장은 법적 선언만으로 완성되지 않고 제도와 실천을 요구한다.

-사생활 보호는 개인의 자율성과 사회적 신뢰를 동시에 지탱한다.

-국가는 인권 보장을 위해 예방·구제·교육의 책임을 수행한다.
-인권 교육은 타인의 관점 이해와 갈등 조정 능력을 강화한다.

- **사이버 윤리**

-디지털 시민성은 자유로운 참여와 책임 있는 행동의 균형을 요구한다.
-익명성은 표현을 촉진하지만 책임 회피의 위험을 증가시킨다.
-개인정보는 통제권을 잃을수록 피해 가능성과 불신을 확대한다.
-알고리즘은 정보 노출을 조정하며 인식의 편향을 강화할 수 있다.
-가짜 정보는 판단을 왜곡하고 공론장의 신뢰를 약화시킨다.
-사이버 폭력은 관계의 존중을 붕괴시키고 심리적 안전을 훼손한다.
-저작권은 창작의 권리와 공유 문화의 기준을 조정한다.
-온라인 대화는 근거와 맥락을 잃을수록 갈등을 증폭시킨다.
-플랫폼 규칙은 안전과 자유의 충돌 지점을 관리한다.
-디지털 흔적은 시간이 지날수록 개인의 기회와 평판에 영향을 미친다.

- **평화·통일**

-평화는 폭력의 부재를 넘어 안전과 정의의 조건을 포함한다.
-갈등은 이해관계와 정체성의 충돌에서 발생하며 대화를 요구한다.
-상호이해는 타자의 관점 수용을 통해 적대감의 강도를 낮춘다.
-신뢰 구축은 작은 약속의 이행이 반복될수록 강화된다.

-인권은 평화 과정에서 피해 회복과 재발 방지의 기준이 된다.

-통일 담론은 안보·경제·사회통합의 균형 설계를 필요로 한다.

-혐오는 공동체 통합을 약화시키고 폭력의 정당화를 촉진한다.

-기억과 역사 교육은 책임 인식과 화해의 조건을 형성한다.

-교류 협력은 상호 의존을 높이며 긴장 완화의 기반을 만든다.

-평화는 개인의 태도 변화와 제도적 장치가 맞물릴 때 지속된다.

④ 방법: 2단계+1단계 확장 구조

단계	내용	예시
1단계	학생의 초기 생각 표현	"그래프는 정보를 보는 방식에 영향을 준다."
2단계	교사의 질문으로 구체화	"그래프는 사람들이 정보를 구성하고 데이터의 패턴을 보게 한다."
3단계	개념 확장 유도 질문으로 고차사고 촉진	"패턴 식별은 정보를 이해하고 의사결정에 도움이 된다."

* 학생 사고를 단계별로 확장시키며, 개념적 특이성과 표현의 정교함을 끌어낼 수 있다.

⑤ 주요 질문 유형

사고의 스캐폴딩		
질문 강화	"어떻게?" 또는 "왜?"	→ 사고를 명료화하는 데 도움
질문 확장	"그래서 어떻게 되는데?"	→ 사고를 확장시키는 역할

⑥ 개념적 질문(Conceptual Questions): 사실에서 개념으로 건너가는 길

▶ 실행 방법

개념 기반 탐구에서 중요한 전환점은 사실을 확인하는 질문에서, 의미와 관계를 묻는 질문으로 넘어가는 순간이다. 이 이동은 단순한 난이도 상승이 아니라, 학습을 개별 사례의 이해에서 일반화 가능한 원리의 이해로 끌어올리는 전략이며, 여러 사례를 묶어 규칙을 도출하는 귀납적 학습에서도 핵심적으로 쓰인다.

수업은 보통 사실적 질문으로 시작한다. 교사는 사례를 살펴보거나 단원 핵심 용어를 정리하는 데 도움이 되는 질문을 던져 학생들이 맥락을 잡도록 한다. 학생들이 사건, 현상, 자료에 대한 기본 정보를 확보하면, 그다음에는 개념적 질문으로 방향을 틀어 관계, 원리, 조건, 구조를 탐색하게 한다. 두 질문의 성격은 다음과 같이 구분할 수 있다.

사실적 질문은 특정한 시간 장소, 상황에 묶여 있는 정보 확인에 가깝다. 개념적 질문은 그 사실을 발판으로 삼아, 다른 시대, 다른 장소, 다른 사례에도 적용될 수 있는 전이 가능한 이해를 겨냥한다. 즉, 학생이 "이 사건은 왜?"를 넘어 "어떤 조건에서 늘 이런 일이 벌어지는가?"까지 나아가게 한다.

▶ 교과별 사실적 질문 → 개념적 질문 전개 예시[14]

☞ 화학

－(사실) 물은 어떤 조건에서 얼음으로 바뀌는가?

－(사실) 물이 끓을 때 관찰되는 변화는 무엇인가?

---

14) Carla Marschall·Rachel French(2021), p.224.

－(개념) 상태 변화가 일어날 때 입자 배열과 운동은 어떤 방식으로 달라지는가?

☞ **역사**

－(사실) 아랍의 봄이 발생한 배경 요인은 무엇인가?

－(사실) 프랑스 혁명은 어떤 역사적 조건에서 일어났는가?

－(사실) 미국 독립전쟁의 직접적, 간접적 원인은 무엇인가?

－(개념) 사람들은 어떤 조건에서 기존 질서를 뒤집는 집단 행동(혁명)을 선택하는가?

－(개념) 같은 억압 상황에서도 어떤 집단은 행동하고 어떤 집단은 행동하지 않는 이유는 무엇인가?

☞ **수학**

－(사실) 이 삼각형의 넓이는 얼마인가?

－(사실) 사인, 코사인, 탄젠트는 무엇을 뜻하는가?

－(개념) 삼각형의 관계를 이용해 '직접 재기 어려운 길이, 각'은 어떤 논리로 계산할 수 있는가?

☞ **도덕**

· **권위와 정당성**

－(사실) 우리 학교 규칙/사회 법규 중 사람들이 잘 따르는 것과 잘 따르지 않는 것은 무엇인가?

－(사실) 사람들이 규칙을 따를 때 제시하는 이유는 벌/보상/습관/공감/신뢰 중 무엇에 더 가까운가?

－(개념) 권위가 '정당하다'고 인정받는 조건은 무엇이며, 그 조건이 무너지면 무엇이 달라지는가?

· **권리와 의무의 관계**

－(사실) 시민의 기본권(예: 표현의 자유, 재산권, 교육권) 중 하나를 골라, 이를 보장하는 제도/규칙은 무엇인가?

ㅡ(사실) 그 권리를 유지하기 위해 시민이 실제로 수행하는 의무(세금, 법 준수, 병역, 공동체 규칙 등)는 무엇인가?

ㅡ(개념) 권리와 의무는 어떤 관계로 연결되며, 한쪽이 약해질 때 다른 쪽은 어떻게 변하는가?

• **법과 도덕의 긴장**

ㅡ(사실) 과거 또는 최근의 사건에서 '법적으로는 문제없지만 도덕적으로 논란'이 된 사례는 무엇인가?

ㅡ(사실) 반대로 '법을 어겼지만 도덕적 동기가 있다고 여겨지는 행동' 사례는 무엇인가?

ㅡ(개념) 법과 도덕이 충돌할 때, 정당화 기준(근거)은 무엇으로 세울 수 있는가?

• **공공선과 개인의 자유**

ㅡ(사실) 공익을 위해 개인의 행동을 제한한 사례(방역, 교통, 환경, 학교 규칙 등)는 무엇인가?

ㅡ(사실) 그 제한이 만든 이익(안전/질서/평등)과 손해(자유/불편)는 각각 무엇인가?

ㅡ(개념) 공공선과 개인의 자유가 충돌할 때 '정당한 조정'은 어떤 원리로 판단되는가?

• **시민 참여와 책임성**

ㅡ(사실) 시민 참여의 방식(투표, 청원, 집회, 여론 형성, 공론장 토론)은 무엇이 있는가?

ㅡ(사실) 참여가 실제로 정책이나 규칙을 바꾼 사례(학교/지역/국가)는 무엇인가?

ㅡ(개념) 시민 참여는 국가 권력의 책임성과 투명성을 어떻게 강화하거나 약화시키는가?

- **불복종과 사회 변화**
  - (사실) 역사 속 시민 불복종(또는 사회운동) 사례를 하나 제시하고, 그 행동의 목표는 무엇이었나?
  - (사실) 그 행동이 낳은 결과(개선/갈등/부작용)는 무엇이었나?
  - (개념) 시민 불복종은 어떤 조건에서 '정의의 확장'으로 기능하며, 어떤 조건에서 '질서의 붕괴'로 보이는가?

2) 성찰하기

성찰하기는 탐구학습의 어느 한 차시가 아니라 탐구 전 과정에 흐르는 숨결이다. 학생은 활동을 수행하는 동안 무엇을 하고 어떻게 할지를 계획한다. 또한 지금의 진행이 적절한지 지속적으로 모니터링한다. 마지막으로 무엇이 달라졌는지 평가하며 자신의 생각과 전략을 다시 조율한다. 이러한 순환 과정은 메타 인지적 기능을 강화한다. 이는 학생이 자신이 무엇을 알고 무엇을 헷갈리는지, 어떤 방식으로 이해가 형성되고 있는지를 스스로 점검하는 능력이다.[15]

따라서 성찰은 단순한 반성문 작성이 아니다. 이해가 성장하는 방식이다. 학생이 자신을 알아차리는 힘인 자기 인식을 기르고, 스스로를 조절하는 힘인 자기 통제를 강화한다. 나아가 개념을 더 깊게 파악하는 힘인 개념 이해 심화를 촉진한다. 그 결과 학생은 점차 주도적인 학습자가 된다. 작은 성취 경험이 누적되며 학습에 대한 자신감이 향상된다.

---

15) Carla Marschall·Rachel French(2021)의 『개념 기반 탐구학습의 실천』에서 개념 기반 탐구의 계획은 관계 맺기, 집중하기, 조사하기, 조직 및 정리하기, 일반화하기, 전이하기, 성찰하기의 과정으로 되어 있다.

그림은 성찰을 교실에 정착시키는 방법도 제시한다. 첫째, 루틴을 통해 성찰을 습관화한다. 학습일지에 오늘의 계획, 과정, 결과를 기록하도록 하여 성찰을 일상적 학습 활동으로 만든다. 둘째, 토론을 통해 생각을 언어화한다. 학생이 "나는 ~이 궁금하다", "나는 ~라고 생각한다"와 같은 표현을 사용하여 자신의 사고를 드러내고 타인의 관점과 연결하도록 한다. 셋째, 미니 레슨을 통해 성찰 전략을 직접 지도한다. 계획 세우기, 점검하기, 되돌아보기를 짧고 명확하게 가르쳐 성찰을 기술로 익히게 한다.

교사는 학생이 성찰을 실제로 연습할 수 있도록 학습 환경을 설계한다. 초기 난이도를 낮춰 접근성을 높이고, 성찰 기회를 빈번하게 제공하여 반복 연습을 가능하게 한다. '무엇'에 머무르지 않고 '어떻게'와 '왜'를 묻는 질문을 통해 개념적 이해를 심화한다. 이렇게 형성된 성찰은 오늘의 학습을 넘어 이후의 학습에서도 스스로 배우고 스스로 길을 찾는 힘으로 남는다.

[성찰하기 과정]

구성 요소	핵심 내용
위치	•성찰은 탐구 학습의 모든 단계에서 일어난다.
기능	•성찰은 메타인지적 기능 (내가 무엇을 알고/헷갈리는지 점검)을 강화
사이클	•계획하기 → 모니터링하기 → 평가하기로 순환한다.
왜 성찰하는가	•자기 인식 지원, 자기 통제 지원, 개념 이해 심화, 학생은 주도적인 학습자가 되고 자신감이 상승된다.
접근 방식	①루틴(일상적인 틀): 계획하고 오랜 시간에 걸쳐 실행 (예: 학습일지 등) ②토론("나는 ~이 궁금해/생각해") ③미니 레슨(계획)
교사의 지원	• 학생들이 연습할 수 있도록 지원 난이도 감소, 빈번한 연습 제공, '어떻게/왜' 중심의 개념적 이해 계발

(1) 성찰하기 예시

　도덕: '국가의 권위와 시민의 의무'에 대한 성찰 질문

① **계획하기**

- 오늘 수업에서 내가 이해해야 할 핵심 개념 2가지는 무엇인가? (권위/정당성/의무/권리/공공선 등)
- 내가 이미 알고 있는 것과 아직 헷갈리는 것은 무엇인가? (아는 것 1, 모르는 것 1)
- 오늘 토론에서 내가 지키고 싶은 기준은 무엇인가? (근거, 경청, 공정성, 존중 등)
- 내가 오늘 '좋은 시민'의 관점에서 해 보고 싶은 행동은 무엇인가? (질문하기/근거 제시/반박 예절 등)

② **모니터링하기**

- 지금 내가 주장하는 말의 근거는 무엇인가? (사실/규칙/사례/가치 중 무엇?)
- 내 생각이 흔들린 지점은 어디였나? 왜 흔들렸나? (새 정보/다른 관점/반례 등)
- '국가의 권위'와 '시민의 의무'가 충돌하는 순간을 나는 어떻게 설명하고 있나?
- 내가 놓친 이해관계자(누구의 입장?)는 누구였나? 그 이유는 무엇인가?

③ **평가하기**

- 오늘 수업 후, '정당한 권위'에 대한 내 기준이 어떻게 바뀌었나? (전/후 한 문장)
- 시민의 의무를 '강요'가 아니라 '사회적 약속'으로 볼 때 달라지는 점은 무엇인가?
- 내 토론 태도에서 잘한 점 1, 다음에 고칠 점 1은 무엇인가? (근거/경청/표현)
- 오늘 배운 기준을 학교생활(규칙, 갈등, 온라인) 한 장면에 적용하면 어떤 선택이 가능한가?

【성찰 학습일지】 국가의 권위와 시민의 의무

날짜:_____ 학번:_____ 이름:_____

① 오늘의 핵심 개념(2개)
・개념 1:______내가 이해한 뜻(한 문장):
・개념 2:______내가 이해한 뜻(한 문장):

② 계획하기(수업 전)
・내가 이미 아는 것 한 가지:______
・내가 궁금한 것/헷갈리는 것 한 가지:______
・오늘 토론에서 내가 지킬 기준(체크): □근거 □경청 □존중 □공정 □차분한 표현

③ 모니터링하기(수업 중)
・내가 한 주장(또는 들은 주장) 한 문장:______
・그 근거는? □사실/자료 □규칙/법 □사례 □가치(정의/자유/안전 등)
・내 생각이 바뀌거나 흔들린 이유:______
・놓친 관점(누구의 입장?):______

④ 평가하기(수업 후)
・정당한 권위란 무엇인가? (수업 후 내 정의, 한 문장)
→______
・시민의 의무는 어떤 의미인가? (수업 후 내 정의, 한 문장)
→ ______

⑤ 전이(삶에 적용)
・학교/온라인/가정에서 적용할 장면 한 가지:______
・그 장면에서 내가 선택할 행동(근거 포함):______

⑥ 나의 성장 체크(자기평가)
・근거 제시: □상 □중 □하
・경청: □상 □중 □하
・존중 표현: □상 □중 □하
・다음 시간 나의 목표 한 가지:______

5부

AI 시대와 '질문 탐구 수업' 설계

1. 개념 기반 탐구학습에 의한 수업 설계

구분	핵심 목적	핵심 구성 요소
단원 설계	'개념적 렌즈'로 방향 잡기	핵심 아이디어, 탐구 진술, 전이 목표
질문 설계	질문으로 사고의 층위를 올리기 (정보 → 원리 → 정당화)	사실 질문, 개념 질문, 논쟁/철학 질문
수업 흐름	**탐구 → 성찰 → 실천**	탐구(Question → Evidence) 성찰(Concept → Self)) 실천(Action → Habit)
성취 기준	내용 체계 준거에 맞는 수업, 평가	지식·이해, 과정·기능, 가치·태도
평가 (성장 중심)	결과보다 '변화의 과정' 평가	포트폴리오, 프로젝트 산출물

문장 예시	수업 설계 포인트
•탐구 진술: "__(개념)__은/는 __(상황/관계)__에서 __(가치 판단/실천)__으로 드러난다." **•전이 목표:** "나는 일상에서 __(상황)__을 만나면 __(기준)__으로 판단하고 __(실천)__할 수 있다."	•단원 전체를 관통하는 개념 1-2개를 먼저 고정 → 활동·평가가 그 개념으로 '회귀'하도록 정렬
•사실 질문: "이 상황에서 갈등하는 가치(이해관계)는?" **•개념 질문:** "공익·사익 충돌 시 정의로운 해결 기준은?" **•논쟁/철학 질문:** "윤리적으로 살수록 행복한가? 행복은 무엇인가?"	•각 차시에 사실 → 개념 → 논쟁/철학 질문이 사다리처럼 이어지게 설계
•탐구: 실생활 자료로 문제 제시 → 분석/비교/토론 **•성찰:** "나는 왜 그렇게 판단했나?" "내 가치/습관은?" **•실천:** 관찰-실행-피드백-수정의 작은 실천 과제	•자료(이야기, 문학·예술, 영화, 연극, 딜레마 등)는 '재미'가 아니라 증거를 생산하는 장치로 배치
•지식·이해: 개념/가치/규범 이해·사례 적용 **•과정·기능:** 탐구·비교/분석·정당화·의사소통(토론/글쓰기) **•가치·태도:** 공감·배려·책임·실천 의지	•활동/과제: 세 범주가 모두 포함되게 ('태도'는 관찰·기록 가능하도록)
• 포트폴리오: 과정 + 결과 누적(지식-실천 연계 성장) **•산출물 예:** 개념 논증 에세이, 딜레마 토론 기록, 실천 계획서, 성찰일지, 동료평가 등	•평가 기준은 '정답'보다 근거, 정당화, 성찰, 실천의 지속성에 초점

1) 주제: 인권(존엄)

(1) 단원 설계

항목	내용
핵심 아이디어 (개념적 렌즈)	◆ 인권(존엄)
관련 개념	◆ 존엄, 자유, 평등, 차별, 권리-의무, 책임, 연대
탐구 진술	◆ "인권은 다양성이 만나는 관계에서 존엄의 기준을 지키는 선택과 책임으로 드러난다."
전이 목표	◆ "나는 일상에서 차별·배제의 상황을 만나면 '존엄'과 '평등'을 기준으로 판단하고, 권리를 지키는 말과 행동을 실천할 수 있다."

(2) 질문 설계

수준	질문 예시
사실 질문	◆ 이 사례에서 침해된 권리는 무엇인가? ◆ 법/규범/학교 규정은 무엇을 말하는가? ◆ 당사자·가해자·방관자 역할은 어떻게 나뉘는가?
개념 질문	◆ '존엄'은 무엇으로 확인되는가(언어, 기회, 안전, 선택권)? ◆ '차별'과 '다름'을 가르는 기준은? ◆ 권리와 의무는 왜 함께 가야 하는가?
논쟁 질문	◆ 혐오 표현은 어디까지 '표현의 자유'인가? ◆ 안전을 위해 자유를 제한할 수 있는 조건은? ◆ 다수의 편의를 위해 소수의 권리를 양보해도 되는가?

(3) 수업 흐름

단계	수업 장면(예시)	평가
탐구	• 사례 팩트 카드(학교 내 차별, 장애 접근성, 온라인 혐오 댓글 등)로 시작 → 이해관계자 지도(당사자/제도/문화) → 근거 분류(사실/규범/가치) 토론	• 딜레마 토론 기록지, 근거 분류표
성찰	• "내가 누군가의 권리를 가볍게 만든 순간은?" • "나는 어떤 말에 상처받는가?" 가치 명료화 저널	• 성찰일지 (개념어 포함), 자기 기준 문장
실천	• '권리-존중 언어' 7일 실천(관찰-실행-피드백-수정) • 학급 규범 제안(포스터/짧은 연설)	• 실천일지, 동료평가, 자기평가

(4) 성취 기준

범주	목표	활동
지식·이해	• 인권/차별/존엄 개념 이해, 사례 적용	• 권리 침해 요소 분석표
과정·기능	• 근거 수집·비교·정당화, 토론·글쓰기	• 근거 기반 미니 에세이
가치·태도	• 공감·존중·책임, 실천 의지	• 실천, 피드백 반영

(5) 평가

• **포트폴리오**: 딜레마 토론 기록, 근거 기반 미니 에세이, 성찰일지, 실천

• **핵심 평가 기준**: 개념 정확성, 근거의 수준, 관점 수용, 실천의 구체성 및 지속성

• **대표 산출물**: '권리 침해를 줄이는 학급 규범 제안서'

2) 주제: 정의

(1) 단원 설계

항목	내용
핵심 아이디어 (개념 렌즈)	• 정의
관련 개념	• 공정, 절차, 분배, 책임, 처벌, 회복, 규칙, 신뢰
탐구 진술	• "정의는 갈등이 생기는 공동체에서 공정한 기준을 세우고 책임을 나누는 절차로 드러난다."
전이 목표	• "나는 규칙·평가·처벌이 얽힌 상황을 만나면 '절차의 공정'과 '결과의 타당성'을 기준으로 판단하고, 모두가 납득할 해결을 제안할 수 있다."

(2) 질문 설계

수준	질문 예시
사실 질문	• 이 상황의 규칙/기준은 무엇이었나? • 누가 어떤 손해/이익을 얻었나? • 결정 과정에 참여 기회가 있었나?
개념 질문	• 공정은 동일 대우인가, 필요/기여 고려인가? • 절차적 정의가 무너지면 결과가 왜 불신받나? • 처벌과 회복은 어떤 관계인가?
논쟁 질문	• 결과가 좋아도 절차가 불공정하면 정당한가? • '엄벌'이 정의인가, '회복'이 정의인가? • 능력주의는 정의로운가?

(3) 수업 흐름

단계	수업 장면(예시)	평가
탐구	• '평가 공정성' 시나리오(수행평가 역할 분배, 수행평가 채점 논란, 학급 규칙 위반) → '절차/분배/회복' 관점으로 분해	정의 프레임 분석표
성찰	• "내가 공정하다고 느낄 때의 조건은?" • "나는 어떤 기준에서 흔들리는가?" • 개념 기준 카드 만들기	나의 정의 기준 카드(3문장)
실천	• 학급 갈등 조정 프로토콜 설계(경청-사실 확인-기준 합의-대안-합의문) → 실제 사례에 적용	조정 프로토콜 + 적용 보고

(4) 성취 기준

범주	목표	활동
지식·이해	• 정의(절차/분배/회복) 이해	• 정의 프레임 분석
과정·기능	• 비교, 정당화, 의사소통	• 토론 + 합의문 작성
가치·태도	• 책임, 정직, 신뢰	• 조정 프로토콜 실천

(5) 평가

- **포트폴리오**: 정의 프레임 분석표, 논증 글(절차 vs 결과), 갈등 조정 합의문, 성찰일지
- **산출물 예시**: '학급 공정 규칙 5원칙' + 근거'"
- **핵심 평가 기준**: *기준의 명료성 / 반론 처리 / 공감· 경청 / 합의의 현실성*

3) 주제: 공동선

(1) 단원 설계

항목	내용
핵심 아이디어 (개념 렌즈)	◆ 공동선
관련 개념	◆ 공익, 시민성, 연대, 자유-책임, 참여, 신뢰, 지속 가능성, 공공재
탐구 진술	◆ "공동선은 서로 연결된 사회에서 개인의 자유를 책임과 참여로 조율할 때 지속 가능한 삶의 질로 드러난다."
전이 목표	◆ "나는 공공의 문제(환경, 안전, 학교 규칙, 온라인 공간)를 만나면 '공동체의 지속 가능성'을 기준으로 판단하고, 참여와 협력의 방식으로 해결에 기여할 수 있다."

(2) 질문 설계

수준	질문 예시
사실 질문	◆ 이 문제는 누구에게 어떤 영향을 주는가? ◆ 공공재/공유자원은 무엇이며 왜 무너지기 쉬운가? ◆ 현재 제도/규칙은 무엇인가?
개념 질문	◆ 공동선은 다수결과 같은가, 더 넓은 기준인가? ◆ 자유와 책임의 균형은 어떻게 정하나? ◆ '참여'는 왜 공동선을 지키는 조건이 되나?
논쟁 질문	◆ 개인의 선택이 공동체에 해를 줄 때, 어디까지 제한할 수 있나? ◆ 불편을 감수해야 공동선인가? ◆ 공동선은 국가가 정하는가, 시민이 만들어 가는가?

(3) 수업 흐름

단계	수업 장면(예시)	평가
탐구	• 학교/지역 공공문제 선택(쓰레기, 소음, 교실 질서, 디지털 예절, 탄소발자국) → 원인-결과-이해관계 지도 → 대안 비교(효과/형평/실행가능)	정책 브리프 초안
성찰	• "내가 포기하기 어려운 자유는?" • "나는 어떤 책임을 미루는가?" • 전이 목표 문장 점검	나의 기준 수정본
실천	• 미니 시민참여 프로젝트 (설문-캠페인-규범 제안-실행-피드백)	실행 결과 + 개선안

(4) 성취 기준

범주	목표	활동
지식·이해	• 공동선, 공공재, 시민성 이해	• 이해관계 지도
과정·기능	• 자료 수집, 분석, 정책 제안	• 정책 브리프
가치·태도	• 연대, 책임, 참여	• 미니 프로젝트 실행

(5) 평가

- **포트폴리오**: 문제 분석 지도, 정책 브리프, 실행 기록, 성찰일지
- **산출물 예시**: "우리 학교 공동선 정책 제안서(근거 포함)"
- **핵심 평가 기준**: 문제 진단의 타당성, 근거의 신뢰성, 이해관계 조정, 실행 및 피드백 반영

2. '명화'를 활용한 질문 중심 수업 설계

1) 깊이 있는 수업을 위한 단원 설계안[16)

❶ 과목	현대사회와 윤리	대상	고등학교 2~3학년
❷ 주제	개인선과 공동선의 조화, 책임 있는 시민 참여와 시민불복종의 정당성	❸ 영역	시민성과 윤리
❹ 핵심 아이디어	• 민주 국가는 개인선과 공동선을 조화시키려는 시민의 노력으로 이루어지며, 시민의 정치참여는 성숙한 민주주의로 나아가는 토대가 된다.		

범주	지식·이해	과정·기능	가치·태도
❺ 내용 요소	• [지식·이해] 자유롭고 책임 있는 시민의 역할은 무엇이고, 사회참여는 어떻게 이루어지는가? (시민과 국가의 관계, 시민의 참여와 시민불복종) • [과정·기능] 공정한 사회 건설 방안 제안하기 • [가치·태도] 자유와 공동선, 정의를 추구하는 태도		
❻ 성취 기준	• 개인선과 공동선의 조화가 필요한 이유를 설명할 수 있으며, 시민의 정치참여 필요성과 시민불복종의 조건 및 정당성을 제시할 수 있다.		
❼ 삶의 맥락	■ 개인과 사회 공동의 행복　　□ 보편적 사회복지 ■ 공감과 상호 협력　　　　　□ 디지털 전환과 AI ■ 정체성과 자기 주도성　　　■ 포용력과 이해력 □ 생태 전환과 기후변화　　　■ 책임 있는 민주시민		
❽ 탐구 질문	• [사실 질문] 명화를 감상한 후, 시민적 덕성과 시민의 감정이 시각적으로 어떻게 표현되고 있는가? • [개념 질문] '개인선'과 '공동선'이 충돌할 때 우선순위를 정하는 공정한 기준은 무엇인가?, '의무'는 자유를 제한하는가, 자유를 가능케 하는가? • [논쟁 질문/철학적 질문] 정당성은 절차가 만드는가, 결과가 만드는가?, 민주주의는 언제 예외 상태를 허용할 수 있는가?, 허용될 수 있다면 그 기준은 무엇인가?, '개인의 양심'과 '국가의 법'이 충돌할 때, 어떤 순서로 판단해야 하는가?, 자신의 의사결정 알고리즘은 무엇인가?		

---

16) 깊이 있는 수업을 위한 단원 설계안은 경기도교육청(2024), 2022 개정 교육과정 기반 수업 설계 도움 자료인 『탐구-실행-성찰과정 프레임워크 2.0』에 따라 수업을 설계한 것이다.

❾ 평가 과제	• [개념 논증 에세이] 개인선-공동선의 조화는 왜 필요한가? • [시민불복종 정당성 판단하기] 다비드의 〈소크라테스의 죽음〉을 단서로, 시민불복종의 조건을 단서로 국내외 사례 1건에 적용하고 자신의 생각을 논하시오. • [정책 제안하기] 다비드의 〈호라티우스의 맹세〉를 참고하여 우리 학교/지역의 공동선 딜레마에 대한 정책 브리프를 작성하고 정책을 제안하시오. • [시민의 용기와 연대 스토리보드 작성하기] 로댕의 〈칼레의 시민〉의 조형적 단서(자세·손·얼굴·시선·발걸음 등)를 사용하여 6컷 스토리보드를 설계하시오.

❿ 수 행 수 준	A	• 작품의 구도·그림 속 단서와 개념(자유·정의·공동선·불복종 조건)을 자연스럽게 연결해 정의-관계-한계-반례를 갖춘 완전한 논증을 제시할 수 있다. • 시민불복종을 5가지 조건(최후의 수단·비폭력·공동선 추구·공개성·처벌 감수)으로 일관되게 판정하고 정확한 출처를 제시할 수 있다. • 정책 제안에서 측정 가능 지표·역할·타임라인·리스크를 포함한 실행 계획을 제시할 수 있다. • 스토리보드에서 조형 증거 → 덕목(용기·연대·책임) → 행동의 논리 구조를 갖추고 구체적 지표까지 제시할 수 있다. • 토의·제안 전 과정에서 상호 존중·소수자 배려를 일관되게 실천하고, 모든 자료에 정확한 출처를 표기할 수 있다.
	B	• 핵심 증거-개념 연결을 대체로 정확히 수행하고, 에세이에서 관계·사례를 타당하게 설명할 수 있다(반례·한계는 간략). • 시민불복종을 5가지 조건으로 대부분 정확히 판정하고 출처를 적절히 표기할 수 있다. • 정책 제안에서 지표·로드맵을 구체화할 수 있으나 일부 보완점이 남을 수 있다. • 스토리보드에서 증거 표기와 행동 제안을 구체화할 수 있으나 지표 정밀성은 약간 부족할 수 있다. • 글과 발표에서 명료성·가치 태도를 안정적으로 유지할 수 있다.
	C	• 증거 지목이 부정확하거나 오독이 잦고, 개념 사용이 혼용되어 에세이가 주장 나열에 머무를 수 있다. • 시민불복종 판정에서 조건 적용 누락/비약/단정이 나타날 수 있다. • 정책 제안이 선언적 제안에 그치며 지표·로드맵·책임소재를 분명히 제시하지 못할 수 있다. • 스토리보드에서 증거 표기가 불분명하고 행동 제안이 모호하거나 부재하다. • 토의에서 편향적 표현이 나타나거나 출처 누락이 많다.
	D	• 증거 지목이 부정확하거나 오독이 잦고, 개념 사용이 혼용되어 에세이가 주장 나열에 머무를 수 있다. • 시민불복종 판정에서 조건 적용 누락/비약/단정이 나타난다. • 정책 제안이 선언적 제안에 그치며 지표·로드맵·책임 소재를 분명히 제시하지 못할 수 있다. • 스토리보드에서 증거 표기가 불분명하고 행동 제안이 모호하거나 부재하다. • 토의에서 편향적 표현이 나타나거나 출처 누락이 많다.
	E	• 핵심 장면·개념을 오해하거나 근거 부재가 두드러져 에세이에서 개념 정의·사례를 거의 제시하지 못한다. • 시민불복종 조건 적용이 성립하지 않는다. • 정책 제안의 현실성·관련성이 낮고 지표·계획을 제시하지 못한다. • 스토리보드의 컷 구성·증거·행동 제안이 대부분 결여된다. • 비존중/배제적 태도, 표절 또는 출처 무기재가 확인된다.

2) 깊이 있는 수업을 위한 탐구-실행-성찰의 과정

차시	⑪ 탐구·실행·성찰을 위한 수업 활동	⑫ 수업방법
1	**• 탐구** -다비드의 〈소크라테스의 죽음〉, 〈호라티우스의 맹세〉, 로댕의 〈칼레의 시민〉 작품 감상하기 -핵심 개념 스케치: 개인선/공동선/자유/정의/참여/시민불복종의 개념과 성취 기준 제시 -공동선의 딜레마 찾기 **• 실행** -팀별 딜레마 맵 작성 -이해관계자·가치 충돌 표시 **• 성찰** -"나는 어떤 시민인가?", "합법이 항상 정당한가?" -한 줄 입장 작성하기	• 사례 학습 • 짝 토론 • 딜레마 토론 • 탐구 공동체 학습 • 개념 기반 탐구학습
2-4	**• 탐구** -시민과 국가의 관계 모형: 권리·의무·책임 -시민참여 스펙트럼 -시민불복종 정당화 조건: 공개성·비폭력·최후수단·공공성·처벌 수용과 사례 분석하기 **• 실행** -작품 분석하기 -②차시: 개념-사례-반례 구조 -③차시: 시민불복종 조건 적용 발표(90초) -④차시: 시민 공론장 설계 초안 작성하기(발언 규칙·소수의견 보호 장치·합의 기준) **• 〈호라티우스의 맹세〉:** '공동선의 윤리'(의무와 감정의 대립) **• 〈소크라테스의 죽음〉:** '양심의 불복종'(법과 정의의 대립) **• 〈칼레의 시민〉:** '시민의 연대'(개인과 공동체의 통합) **• 성찰** -'합법성'과 '정당성'의 간극 찾기 -반론에 대비한 Q&A 리스트 작성하기	• 프로젝트 학습 • 역할극 • 시뮬레이션 학습 -공론장 리허설 -학생퍼실리테이션 -전시 안내 역할 • 탐구 공동체 학습 • 개념 기반 탐구학습

| 5-8 | • **탐구**
-실제 학급 의제 선정하기: 예) 휴대폰 사용·환경 캠페인·학생자치 참여 경로 등
• **실행**
-⑤차시: 공론장 진행 → 합의문 1쪽 작성하기(쟁점·합의·소수의견 보호·이행지표)
-⑥차시 정책 브리프 및 정책 제안을 위한 초안 작성하기(문제-원칙-대안-측정지표-로드맵)
-⑦차시 포트폴리오 정리
-⑧차시 시민행동 카드 작성 및 발표하기
• -책임 있는 시민 참여와 민주주의, 시민불복종에 대한 자신의 생각 정리하기 | • 소크라틱 세미나
• 토의 • 토론
• 문제해결 학습
• 역할극
• 콘퍼런스 |

차시	⑬ 수업·평가 연계의 주안점
1	• **진단형 평가** -개념 사전검사(용어 이해 체크리스트) -딜레마 맵의 문제정의 정확성 확인 -피드백으로 '개념 논증 에세이' 안내
2-4	• **형성평가 연계** -*반례·한계* 항목 필수 -*조건-근거 정합성* 루브릭으로 피드백 -근거 출처 표기 -공론장 체크리스트 -발언 시간·이의제기권·합의 등 절차의 실행 가능성 사전 점검
5-8	• **수행평가 및 총괄 연계** -참여·근거·합의문 질 관찰 기록 -지표의 측정 가능성·책임 소재 확인 -포트폴리오에 피드백 반영 전/후 비교 증거 필수 -최종 평가는 공통 루브릭(지식·과정·적용·가치·출처)으로 전시 설명, 성찰문을 종합 채점

3) 깊이 있는 수업을 위한 차시별 교수 학습 지도안

❶ 학습 주제	개인선과 공동선의 조화, 책임 있는 시민 참여와 시민불복종의 정당성		과목	현대사회와 윤리
영역	시민성과 윤리		차시	2~3차시/8차시
핵심 아이디어	• 민주 국가는 개인선과 공동선을 조화시키려는 시민의 노력으로 이루어지며, 시민의 정치참여는 성숙한 민주주의로 나아가는 토대가 된다.			
❷ 범주 내용 요소	지식·이해	• 자유롭고 책임 있는 시민의 역할은 무엇이고, 사회 참여는 어떻게 이루어지는가? • 시민과 국가의 관계, 시민의 참여와 시민불복종		
	과정·기능	• 공정한 사회 건설 방안 제안하기		
	가치·태도	• 자유와 공동선, 정의를 추구하는 태도		
성취 기준	• 개인선과 공동선의 조화가 필요한 이유를 설명할 수 있으며, 시민의 정치참여 필요성과 시민불복종의 조건 및 정당성을 제시할 수 있다.			
❸ 교수·학습 방법	■ 협동학습　　　　■ 문제중심학습 ■ 프로젝트 학습　□ 블렌디드 러닝 ■ 탐구학습　　　　■ 토의·토론 학습 □ 거꾸로 학습　　□ 기타(　　　　　)			
❹ 수업 의도	• 다비드의 작품 〈소크라테스의 죽음〉, 〈호라티우스의 맹세〉, 로댕의 〈칼레의 시민〉을 통해 그림 속 단서(빛·제스처·구도)를 근거로 도덕 개념을 연결하며, '합법'과 '정당'의 긴장을 시민불복종의 조건을 적용하여 판단해 보게 한다. • 일시적인 감정이나 개인 의견을 넘어 증거→원칙→판단→행동으로 사고를 끌어올리고, 작품 속에 나타난 내용들을 토대로 공동선, 연대의 논의로 자연스럽게 이어지게 한다.			
❺ 탐구 질문	• 사실 질문: 소크라테스의 손 제스처는 어디를 가리키는가? • 개념 질문: 이 장면에서 확인되는 시민불복종 조건의 핵심 두 가지와 근거는?, 공동선을 위해 개인의 자유를 제한할 때, 비례성/형평성 원칙은 어떻게 적용되어야 하나요? • 논쟁 질문/철학적 질문: 부당한 법을 어기는 일은 언제 정당한가?, 다수의 이익을 위해 소수의 권리를 제한하는 정책은 어떤 조건에서만 정당한가요?, 의무는 자유를 제한하는가, 가능하게 하는가?, 공동체를 위해 개인의 생명을 바칠 결정은 도덕적으로 정당한가요?			

평가 과제	• 과제 1. 그림 근거 기반 클로즈 리딩(개인) -작품에서 그림 속 단서 2개(빛·손짓·배치 등)를 찾아 사실 → 의미 → 개념 연결로 기술 -산출물: 3칸 표(사실/의미/근거) 완성하기 • 과제 2. 시민불복종 정당성 판단표(팀) -실제/가상 사례 1건을 골라 시민불복종 5가지 조건(최후의 수단·비폭력·공동선 추구·공개성·처벌 감수)으로 판정하고 한 문장 근거 작성하기 -발표: 결론(정당/부당) + 가장 강한 반론·재반박하기 • 과제 3. 한 문장 결론 & 행동 약속(개인 저널) -오늘 내 판단 기준은? 국가의 시민으로서 다음 행동과 지표는?

4) 깊이 있는 수업을 위한 탐구-실행-성찰을 위한 수업 활동과 체크리스트/참관록

단계	❻ 탐구-실행-성찰을 위한 수업 활동	❼ 수업·평가 연계의 주안점
❽ 도입	• 차시 목표 공유: *증거 → 원칙 → 판단* • 작품 제시: 다비드의 〈소크라테스의 죽음〉, 〈호라티우스의 맹세〉, 로댕의 〈칼레의 시민〉 감상 • 질문: "합법과 정당은 언제 어긋날까?" 포스트잇 한 줄 • 규칙 안내: 이전 발언 요약 → 이어 주기, 근거는 작품 단서/자료에서만 찾기	•개념 확인: 합법/정당 구분 •관찰 체크: 경청·존중 규칙 준수

단계	❻ 탐구-실행-성찰을 위한 수업 활동	❼ 수업·평가 연계의 주안점
❾ 전개	•**탐구**: 다비드의 〈소크라테스의 죽음〉, 〈호라티우스의 맹세〉, 로댕의 〈칼레의 시민〉 작품 중 1개를 선택하여 분석하기 -3칸 표(보인다/뜻한다/근거)에 빛·제스처·배치 2개 이상 기록하기 -짝과 반증 질문 1개 교환, 사실, 의미, 근거 서로 공유하기 -시민불복종 5가지 조건을 적용하기 •**실행**: 팀별 실제/가상 사례 1건 선택 → 판정표 작성→ 90초 발표: 결론(정당/부당) + 가장 강한 반론·재반박하기	•그림 속 단서가 구체적인가(위치·행위) •시민불복종의 조건 적용 •주장-근거-반론 구조 •역할 분담, 시간 준수 •발표 직후 한 줄 피드백
❿ 정리	•**성찰**: '합법과 정당 사이', "오늘 내 판단 기준은? 다음 행동/지표는 무엇인가?"에 대해 한 문장으로 글쓰기 •다음 차시 예고: 다비드의 〈소크라테스의 죽음〉, 〈호라티우스의 맹세〉, 로댕의 〈칼레의 시민〉의 의무-감정-공동선 모델링 연결	•자기평가하기 •형성평가: 그림 근거 1개 인용하여 '합법 vs 정당' 정리

수업 실행 단계	깊이 있는 수업 설계 체크리스트	
항목	**내용**	**확인**
수업 목표 설정	핵심 아이디어와 주제가 적절히 연결하고 있는가?	
	해당 교과의 적합한 영역을 선정하고 있는가?	
	핵심 아이디어를 학생과 교사의 상황에 맞게 재구성하고 있는가?	
	해당 내용 요소(지식·이해, 과정·기능, 가치·태도)에 적합한 성취 기준을 선정하고 있는가?	
	학생의 사전 이해 정도를 확인하고 수업 목표를 설정하고 있는가?	

수업 실행 단계	깊이 있는 수업 설계 체크리스트	
항목	**내용**	**확인**
삶의 맥락 반영	학습 내용을 학생들의 8가지 삶의 맥락과 연결하고 있는가?	
	학생이 학습한 내용을 가지고 삶에서 구체적인 실천이 일어날 수 있는 기회나 상황을 제시하였는가?	
탐구 질문 개발	탐구 질문이 호기심을 유발하고 다양한 관점과 사고를 촉진하여 학습 몰입을 촉진하는가?	
	학생의 탐구 질문, 교사의 탐구 질문 등 수업 상황에 맞게 탐구 질문을 다양하게 활용하고 있는가?	
평가 과제 및 평가 계획 설계	단원에서 기대하는 학습 결과를 종합적으로 확인할 수 있도록, 평가 과제가 학습 목표와 성취 기준을 효과적으로 반영하고 있는가?	
	수행 수준을 구체적이고 질적으로 구분하여 진술하였는가?	
	학습 과정 중간에 학생의 성장 정도를 점검할 수 있도록 형성평가와 피드백을 계획하고 있는가?	
수업 과정 설계	탐구-실행-성찰의 순환적 과정을 포함한 수업 흐름으로 설계하였는가?	
	탐구 질문을 차시별 수업 과정에 반영하였는가?	
	탐구 질문을 바탕으로 학생 스스로 탐구를 할 수 있도록 수업을 설계하고 있는가? 사고를 촉진하여 학습 몰입을 촉진하는가?	
	모둠 토의, 발표, 상호 피드백, 개별학습, 에듀테크 활용 등 학생의 참여 기회와 주도성을 높이는 다양한 활동과 상호작용 기회를 제공하였는가?	
전이 및 성찰	학생들의 수행 수준에 따른 맞춤형 피드백 계획을 마련하고 있는가?	
	학생 스스로 학습의 과정을 점검할 수 있는 기회를 부여하였는가? (성찰)	
	학생이 새로운 맥락에서 개념을 적용할 수 있는 기회를 제공하였는가? (전이)	
	피드백을 구체적이고 실질적으로 학습 향상의 기회로 제공하였는가?	

수업 실행 단계	깊이 있는 수업 자기 체크리스트(예시) ※ 언어적 표현: 1 = 약하다, 2 = 약한 편이다. 3 = 강한 편이다. 4 = 매우 강하다				
수업 관찰 영역	**문항**	**1**	**2**	**3**	**4**
안전한 수업 분위기	1. 학생의 언행을 존중하고 격려한다.				
	2. 분위기를 편안하게 유지한다.				
	3. 교사와 학생 간, 학생과 학생 간 상호 존중을 증진한다.				

수업 실행 단계	깊이 있는 수업 자기 체크리스트(예시) ※ 언어적 표현: 1 = 약하다, 2 = 약한 편이다. 3 = 강한 편이다, 4 = 매우 강하다				
수업 관찰 영역	문항	1	2	3	4
효율적 수업운영	4. 수업 시간을 효과적으로 설계한다.				
	5. 학생의 학습이 적합한 방식으로 진행되고 있는지 확인한다.				
	6. 효과적으로 수업 시간을 관리한다.				
구조화된 수업내용	7. 수업 목표를 명료하게 제시하고, 탐구를 위한 자료 탐색 방법을 사전에 설명한다.				
	8. 학생에게 피드백을 제공한다.				
	9. 학생들을 격려하며 모든 학생이 수업에 참여하게 하고, 이해 여부를 확인한다.				
	10. 성취 기준에 맞게 구조화된 방식으로 가르친다.				
집중적이고 활발한 수업	11. 수업의 도입에서 수업 목표를 분명하게 명시한다.				
	12. 학생의 능동적인 참여를 자극하는 과제 양식과 학습 활동을 제공한다.				
	13. 해결 방법을 학생 스스로 생각하고, 발표할 수 있도록 한다.				
	14. 학생이 반성적으로 생각하도록 자극을 주는 질문을 한다.				
	15. 학생과 상호작용을 하는 수업을 한다.				
교수·학습 전략	16. 학생이 스스로 탐구해야 할 주제에 대해 질문하면서 탐구할 수 있도록 자극한다.				
	17. 계획한 활동을 학생이 활용하도록 자극한다.				
	18. 학생이 개념을 제대로 이해했는지 알 수 있도록 새로운 상황에서 개념 적용 기회를 제공한다.				
	19. 배운 것을 삶에 적용 '문제해결' 하도록 자극한다.				
	20. 학생이 자신의 학습을 돌아보고 성찰할 수 있는 기회를 제공한다.				
개별화 학습지도	21. 학습 목표 도달 여부를 평가한다.				
	22. 미도달 학생을 격려하며 별도의 학습과 지도 시간을 제공한다.				
	23. 개인차를 고려하여, 수업 방식과 내용을 적절하게 조절한다.				
학습자 참여	24. 학생이 능동적인 수업 태도를 갖고 충실히 참여한다.				
	25. 학생이 수업에 흥미를 보인다.				

※ 깊이 있는 수업 체크리스트 2024년 2월 '수업관찰수석교사연구회'에서 개발한 것임

※ 체크리스트를 활용할 때, 질적인 문장 기술이 가능하도록 수정·활용하는 것도 무방함

<table>
<tr><td colspan="5" align="center">깊이 있는 수업 참관록</td></tr>
<tr><td colspan="2">수업 일시</td><td></td><td>과목명</td><td></td></tr>
<tr><td colspan="2">단원명
(주 제)</td><td></td><td>수업자</td><td></td></tr>
<tr><td colspan="2" align="center">항목</td><td colspan="2" align="center">내용</td><td align="center">관찰</td></tr>
<tr><td rowspan="8">질문탐구수업</td><td rowspan="6">탐구과정</td><td colspan="2">교과 내용의 핵심 아이디어를 탐구할 수 있는 질문을 포함하고 있는가?</td><td></td></tr>
<tr><td colspan="2">학생들이 다양한 관점에서 문제를 바라보고 분석할 수 있도록 비판적 사고를 유도하고 있는가?</td><td></td></tr>
<tr><td colspan="2">수업 내용이 단편적인 지식 암기에 그치지 않고 교과 내용 간의 연계성을 강조하고 있는가?</td><td></td></tr>
<tr><td colspan="2">학생들이 교과 고유의 탐구 과정을 경험할 수 있는 활동이 포함되었는가?</td><td></td></tr>
<tr><td colspan="2">사실적 질문, 개념적 질문, 논쟁적 질문 등 다양한 유형의 탐구 질문이 포함되었는가?</td><td></td></tr>
<tr><td colspan="2">질문을 통해 탐구 활동이 이어지고 있는가?</td><td></td></tr>
<tr><td rowspan="2">성찰피드백</td><td colspan="2">학생들이 자신의 학습 과정과 사고를 점검하고 반성할 수 있는 기회를 제공하고 있는가?</td><td></td></tr>
<tr><td colspan="2">학생들이 학습 과정에서 적절한 피드백을 받고 자신의 성과를 평가할 수 있는 기회를 제공하는가?</td><td></td></tr>
<tr><td rowspan="5">학생교사주도성조화</td><td colspan="3">학생이 스스로 학습 목표를 설정하고 학습 과정에 참여할 수 있는 환경을 조성하고 있는가?</td><td></td></tr>
<tr><td colspan="3">교사가 다양한 학습 전략과 도구를 활용하여 학생의 학습을 효과적으로 학생의 학습을 지원하고 있는가?</td><td></td></tr>
<tr><td colspan="3">학생들이 스스로 질문을 생성하도록 유도하고 있는가?</td><td></td></tr>
<tr><td colspan="3">학생들이 다양한 인물(교사, 친구 등)과 협력하여 학습하는 활동을 설계하고 있는가?</td><td></td></tr>
<tr><td colspan="3">학습 내용이 학생들의 흥미를 자극하고 몰입을 유도하고 있는가?</td><td></td></tr>
<tr><td rowspan="3">삶의맥락문제해결</td><td colspan="3">학습 내용이 학생들의 실제 삶과 직접적으로 연결되어 있는가?</td><td></td></tr>
<tr><td colspan="3">학생들이 실제 문제를 해결하기 위한 창의적이고 실용적인 방법을 탐구하고 있는가?</td><td></td></tr>
<tr><td colspan="3">학습 경험이 학생들의 다른 교과나 실제 생활에 적용될 수 있도록 설계하고 있는가?</td><td></td></tr>
<tr><td colspan="5" align="center">수업한 선생님에게 전하고 싶은 말</td></tr>
<tr><td colspan="5">

</td></tr>
</table>

5) 깊이 있는 수업을 위한 탐구 자료: '개념 기반 탐구학습'

(1) 주요 개념(Key Concept)

개인선과 공동선, 시민과 국가, 양심과 법, 의무와 감정, 개인과 공동체의 관계(Relationships)를 탐구하며 민주주의의 정당성과 성숙을 이해한다.

(2) 관련 개념(Related Concepts)

정의(Justice), 책임(Responsibility), 권위/정당성(Authority/Legitimacy), 참여(Participation), 권력(Power), 공동선(Common good), 연대(Solidarity), 시민불복종(Civil disobedience), 비례/최소침해(Proportionality/Least-harm), 시민적 덕(Civic virtue)은 권력이 정당한 권위로 승인되고 시민 참여가 책임 있는 덕으로 작동할 때 공동선과 연대가 확장되며, 부정의가 지속되면 비례·최소침해 원칙에 따른 시민불복종이 마지막 양심의 길로 등장하는 것을 설명하는 관련 개념이다.

(3) 세계적 맥락(Global Context)

'사회 제도와 법이 정의롭고 공정하게 작동하는가?', '시민 참여가 발전을 어떻게 이끄는가?' 등 공정성과 발전은 시민 참여가 단지 '의견 표명'에 머무르지 않고, 공동의 문제를 해결하며 사회의 지속 가능한 성장을 이끄는 힘으로 어떻게 전환되는지 탐구하는 맥락이다.

(4) 탐구 진술(Statement of Inquiry)

시민이 개인선과 공동선을 '정의'라는 기준으로 조화시키며, 책임 있는 참여와 필요시 시민불복종을 실천할 때, 민주주의는 정당성과 발전을 얻는다.

(5) 학습 렌즈

〈소크라테스의 죽음〉은 처벌 수용·공개성 단서로 '양심의 불복종'을 분석한다. 〈호라티우스의 맹세〉는 비례·형평 시각에서 '의무와 감정'의 긴장을 모델링한다. 〈칼레의 시민〉은 연대·책임(누가/무엇/언제/얼마나) 등 이 관계가 어떤 원칙으로 판단되고 어떤 행동으로 이어지는지 탐구한다.

(6) 탐구 질문

- **사실 질문**: 시민불복종의 5가지의 조건은 무엇인가? 공동선과 개인선은 어떻게 정의되는가?
- **개념 질문**: 공공성, 비례, 최소침해 원칙은 개인−국가의 관계를 어떻게 재조정하는가?
- **논쟁 질문/철학적 질문**: 부당한 법을 어기는 행위는 언제나 정당한가? 우리 공동체에 적용할 판단 기준은 무엇인가?

(7) 평가 과제

- ■ **개념 논증 에세이**
  - **핵심 목표**: 개인선−공동선을 개념적으로 정의하고, 관계·조건을 논증하기
  - **기본 구성**: ① 개념 정의 → ② 개념 관계/조건(필요

성·최소침해·비례성) → ③ 사례(학교/지역/사회) → ④ 반
례·재반박 → ⑤ 결론(행동/정책 제언)

- **채점 기준**: 개념 정확성, 논증 구조, 증거성(그림 속
  단서 1개 이상 인용), 결론의 실행성

■ **시민불복종 정당성 판단하기**

- **핵심 목표**: 실제/가상 사례를 불복종 5조건으로 판
  정하기

- **기본 구성**: 시민불복종 정당성 판단하는 표 양식:
  최후의 수단·비폭력·공동선 추구·공개성·처벌 감수의 각 항목에
  ① 적용(○/△/×) ② 근거 ③ 출처 → 최종 판정 글
  작성하기

- **채점 기준**: 조건-근거 1:1 연결, 출처 윤리, 결론의
  명료성, 반론·재반박 포함

■ **정책 제안하기**

- **핵심 목표**: 수업에서 도출한 원칙으로 실행 가능한
  정책 설계하기

- **기본 구성**: ① 문제정의(이해관계자) → ② 원칙 2개
  (작품 단서 → 원칙) → ③ 대안 2가지(장단점) → ④ 측정
  가능 지표(%, 횟수, 기간) → ⑤ 로드맵(역할·타
  임라인·리스크)

- **채점 기준**: 적용·실행성, 지표의 정량화, 현실성(책임·
  일정), 균형(소수자 고려)

■ **시민의 용기와 연대 스토리보드 작성하기**

- **핵심 목표**: 작품 분석을 통해 도출된 내용 등을 근
  거로 덕목 → 행동을 시각 기획하기

- **기본 구성**: 6컷 권장: 컷마다 그림 속 단서 → 덕목

(용기/연대/책임) → 우리 행동(지표)+마지막 컷은 실행 선언

- **채점 기준:** 증거성(시각 단서 명시), 덕목 해석의 타당성, 행동 계획의 지표화, 의사소통 명료성

6) 명화 활용 읽기 자료

(1) 자크-루이 다비드, 〈소크라테스의 죽음〉(1787)[17]

① 작품의 개념과 주제

핵심 개념은 '법과 양심, 공개성, 처벌 감수, 시민적 책임'이며, 핵심 주제는 '부당한 법 앞에서 양심은 어떻게 말하는가'(시민불복종의 정당성)이다. 해당 작품은 철학자 소크라테스가 독배를 앞에 두고 제자들에게 마지막 가르침을 전하는

---

17) 출처: https://terms.naver.com/entry.naver?docId=976196&cid=467 02&categoryId=46753, 메트로폴리탄 미술관 https://www.metmus eum.org/ko/art/collection/search/436105

순간을 그린다. 그는 신을 부정하고 청년을 타락시켰다는 혐의로 기소되었고, 사상 포기 대신 죽음을 선택했다. 소크라테스는 영혼의 불멸을 말하며 죽음을 육체로부터의 해방으로 받아들였고, 끝까지 두려움 없이 임했다. 죽기 전 아스클레피오스에게 감사를 전했다는 전승도 반영되어 있다.

② 작품 내용

독배 앞에서도 제자들에게 마지막 가르침을 전하는 소크라테스를 통해 법과 양심 사이의 긴장을 고전적 구도와 강한 빛으로 드러내고 있다. 아테네에서 재판에 선 소크라테스는 신을 받아들이지 않고 젊은이들을 그릇되게 이끌었다는 고발을 받았다. 법정의 판결 앞에서 그는 신념을 버리고 살 것인가, 아니면 형벌을 받아들일 것인가라는 갈림길에 섰고, 끝내 죽음을 선택했다. 독배가 그의 손에 전달되기 직전, 소크라테스는 곁을 지키는 제자들과 동료들에게 영혼은 육체를 넘어 지속된다는 자신의 견해를 침착하게 설명했다. 그에게 죽음은 육체로부터의 해방이자 철학자가 마주해야 할 두려움 없는 진실의 순간이었다. 그래서 그는 흔들리지 않았다. 마지막으로 그는 평온한 죽음을 가능하게 한 약을 내려 준 의술의 신 아스클레피오스에게 감사의 뜻을 전한 뒤, 독배를 마시고 조용히 생을 마감했다.

평정한 소크라테스와 슬픔에 잠긴 제자들이 강하게 대비된다. 제자들 가운데 플라톤(침대 끝에 앉아 고개 숙임)과 크리톤(무릎을 붙잡고 설득)이 식별 가능하다. 소크라테스의 들어 올린 손가락은 진리·초월을 가리키는 몸짓으로 읽힌다.(라파엘로의 〈아테네 학당〉 참고)

③ 표현과 구성

신고전주의적 질서와 절제가 두드러진다. 무대 같은 좁은 공간, 프리즈처럼 늘어선 인물 배열, 조각적 신체 표현, 규칙적인 벽돌 벽과 차가운 색조가 장면의 긴장과 엄숙함을 높인다. 빛 처리에서 소크라테스는 주변보다 유난히 밝다. 외부 광원이라기보다 인물 자체의 품위와 정신을 강조하는 효과로 보인다. 작품 속 빛은 소크라테스의 상반신과 들어 올린 손을 밝히며, '이성·진리를 상징'한다. 한 손은 하늘, 다른 손은 독배를 향하고 있는 것은 '원칙과 현실의 충돌'을 의미한다. 스승의 침착한 표정과 제자들의 비탄에 젖은 표정의 대비는 '가르침의 엄숙함'을 나타낸다.

④ 작가와 작품의 의의

자크-루이 다비드(1748-1825)는 신고전주의 대표 화가, 혁명 지지자이자 나폴레옹의 궁정화가로 회화로 도덕적 교훈을 구현하였다. 계몽주의적 이상을 양심적 저항의 서사로 시각화하였으며, 시민불복종의 정신적 상징으로 교육 현장에서 널리 활용되고 있다.

다비드는 단순한 사건 재현보다 철학자의 품위와 불굴의 원칙을 전면에 내세운다. 배경의 로마식 아치와 램프 등은 신고전주의가 지향한 고전적 이상과 규범을 반영한다. 장식적 요소를 절제하고, 손짓·시선·위치로 메시지를 압축해 지적·도덕적 숭고함을 시각화했다. 소크라테스의 높은 위치와 손짓은 끝나지 않는 가르침과 원칙의 지속성을 상징한다.

⑤ 탐구 질문

- **사실 질문**: ① 독배를 건네는 인물의 시선/손은 어디로 향하나요? ② 가장 강한 빛은 누구를 비추나요? ③ 제자들의 표정은 어떻게 다르나요?
- **개념 질문**: ① 시민불복종의 다섯 조건 중 이 작품이 특히 강조하는 것은? ② 법의 권위와 양심이 충돌할 때 적용할 판단 원칙은? ③ 소크라테스가 보여 주는 것은?
- **논쟁 질문/철학적 질문**: ① 부당한 법을 어기는 일은 언제 정당한가—조건표를 제시해 보세요. ② 공공질서와 양심 중 무엇이 우선인가요? ③ '법을 지키며 죽음' vs '법을 어기고 구명' 중 어느 쪽이 더 시민적인가요?

(2) 자크-루이 다비드, 〈호라티우스의 맹세〉(1784)[18]

---

18) 출처: https://terms.naver.com/entry.naver?docId=974002&cid=467 20&categoryId=46832, 루브르박물관: https://www.louvre.fr/

① 작품의 개념과 주제

핵심 개념은 '의무, 공동선, 형평·비례, 시민의 덕'이며, 핵심 주제는 '감정과 의무의 긴장 속에서 무엇이 공정한가' (공동선의 윤리)이다.

② 작품 내용

기원전 7세기, 끝없는 전쟁을 멈추려던 로마와 알바는 정규군 전투 대신 대표 전사 3대3 결투로 승부를 보기로 한다. 로마는 호라티우스 형제, 알바는 큐라티우스 형제를 내세웠는데, 두 집안은 혼인으로 맺어진 사돈이라 비극을 예고한다. 다비드는 루이 16세의 주문으로 이 주제를 선택해 로마에서 제작했으며, 작품은 신고전주의 초기의 기점으로 평가된다.

③ 장면의 표현과 구성

그림은 출정 직전, 아버지가 세 아들에게 검을 내밀고, 아들들이 목숨을 건 승리의 맹세를 올리는 장면을 포착한다. 오른쪽에는 누이·아내·어머니가 절망에 잠겨 있으며, 특히 사비나(큐라티우스 가문 출신으로 호라티우스 집안에 시집옴)와 카밀라(호라티우스 집안의 딸, 큐라티우스의 약혼자)가 서로 기대어 오열하는 모습이 대비를 이룬다. 어머니는 손자들을 감싸 비극을 견딘다.

장면은 세 개의 아치가 만드는 구획, 정면성·평면성·대칭적 구도, 엄격한 기하학으로 조직되어 있다. 인물들은 프리즈 (부조)처럼 가로로 배열되고, 전사들은 단단한 선·맑은 색조로, 여성들은 부드러운 선·완만한 색조로 처리되어 의무의 결연함 −감정의 동요가 시각적으로 분리된다. 깊게 들어오는 사선의 빛은 검과 팔의 방향, 공간의 긴장과 맞물려 의지·규범·국가라는 주제를 강조한다.

세 개의 아치는 공간을 남성의 행동, 아버지의 권위, 여성의 감정으로 분절하며 장면의 의미를 또렷하게 구획한다. 중앙에서 검을 들어 올린 손은 사적 감정보다 공적 의무가 앞선다는 선언처럼 읽히고, 이에 호응하듯 남성 인물들은 직선적이고 단단한 형식으로 결의를, 여성 인물들은 곡선적이고 완만한 형식으로 비탄을 드러낸다. 이렇게 대비된 조형 언어는 의무와 감정의 긴장을 한 화면 안에서 명확히 대조시키며, 국가와 규범의 우위를 시각적으로 확정한다.

④ 작가와 작품의 의의

자크-루이 다비드는 로마 연수 후 대작을 발표, 1785년 파리 살롱에서 공개되어 신고전주의의 정점으로 평가받는다. 다비드는 스승 세대의 로코코 취향인 낭만적이고 장식적 주제를 과감히 벗고, 스토아적 자기희생과 애국의 윤리를 전면에 내세웠다. 그는 17세기 고전주의 대가들의 절제된 양식을 계승하면서, 계몽기의 윤리적 회화라는 이상을 구현했다. 〈호라티우스의 맹세〉는 개인의 감정보다 공동선과 의무를 우선하는 공화적 미덕을 강력한 조형 언어로 제시한다. 공화주의적 덕성과 국가적 의무를 시각화하고 '공동선의 미학'의 표준 사례로 교육·박물관에서 반복 인용되고 있다.

⑤ 용어 풀이
-**비례성**: 목적에 필요한 만큼만 제한/개입해야 한다는 원칙
-**형평성**: 각자의 상황을 고려해 공정을 구현하는 기준

—공동선: 모두에게 이익이 되는 사회적 조건의 총합

⑥ 탐구 질문
- **사실 질문:** ① 아치 구도는 무엇을 분리·강조하나요? ② 검과 손은 어디를 향하나요? ③ 여성 인물들의 감정은 어떠할까?
- **개념 질문:** ① 개인선-공동선의 조화를 위한 원칙(필요성·최소침해·비례성)을 사례에 적용해 본다면? ② '맹세(충성)'가 시민에게 주는 가치와 위험은? ③ 형평 지표를 쓰면 판단이 어떻게 달라지나요?
- **논쟁 질문:** ① 다수의 이익을 위해 소수의 권리를 제한하는 정책은 언제 정당한가요? ② '의무'는 자유를 제한하는가, 가능하게 하는가? ③ 가족(사적 선)과 도시(공동선)가 충돌할 때 우선순위 원칙은?

(3) 오귀스트 로댕, 〈칼레의 시민〉(1884-1895)[19]

---

19) 출처: https://terms.naver.com/entry.naver?docId=1699310&cid=42050&categoryId=42050
로댕 미술관: https://www.musee-rodin.fr/

① 작품의 주제

핵심 개념은 '연대, 책임, 희생, 시민적 용기, 인간 존엄'이며, 핵심 주제는 '절망 속에서도 공동선을 선택하는 용기'(책임 있는 시민 참여)이다.

② 작품 내용

백년전쟁(1337-1453)은 프랑스와 잉글랜드가 세대를 건너 이어 간 단속적 충돌이었다. 전쟁이 시작된 지 10년쯤, 잉글랜드는 크레시 전투에서 대승을 거두고 기세를 올렸다. 칼레의 포위 1346년, 잉글랜드 왕 에드워드 3세는 해협과 가까운 칼레 항을 포위했다. 성채와 시민의 저항은 거의 1년 지속됐지만, 식량이 고갈되자 항복을 타진할 수밖에 없었다. 항복을 허락하는 대가로 에드워드 3세는 도시의 유력자 6명의 희생을 요구했다. 칼레의 부유한 시민 유스타슈 생 피에르가 먼저 나섰고, 다른 유지들이 뒤를 이었다. 그들은 맨발에 밧줄, 허리끈, 그리고 도시의 열쇠를 들고 왕 앞에 서기로 결의했다.

③ 장면의 특징

처형이 임박했을 때, 임신 중이던 왕비 필리파 드 에노가 자비를 호소했고, 여섯 시민은 결국 사면되었다. 이 선택은 도시를 구하고, 공동체의 생존을 지켜 낸 상징적 사건으로 남았다. 작품 속 인물들은 서로 다른 표정과 자세로 두려움, 망설임, 결단, 체념이 한 무대에 공존하는 긴장된 시간을 드러내며, 허리끈과 열쇠는 인질로서 짊어진 개인의 운명과 도시 전체의 운명을 동시에 상징한다. 또한 낮은 받침대에 배치된 인물들은 관람자와 같은 눈높이에 놓여, 영웅을 올려다보게 하기보다 시민과 시민이 같은 자리에서 책임을 나누는 연대의 감각을 강조한다.

④ 용어 풀이
- **군상(群像):** 여러 인물이 하나의 장면·주제를 이룸
- **비영웅적 영웅:** 왕·장군 대신 보통 시민을 역사 주인공으로 세움
- **주조:** 원형에서 여러 동상을 부어 만들어 각 도시에 설치하는 과정

⑤ 탐구 질문
- **사실 질문:** ① 여섯 시민의 손/시선이 드러내는 감정은? ② 허리끈·열쇠의 상징은? ③ 인물 간 거리는 어떤 분위기를 만들까요?
- **개념 질문:** ① '용기·연대·책임'을 오늘의 시민 덕목으로

번역하면 행동 기준은? ② 비영웅적 영웅'이
주는 민주주의적 의미는? ③ 공포 속 결단을
공동선과 어떻게 조화시킬 수 있나요?
- **논쟁 질문/철학적 질문:** ① 극한 상황에서 희생은 의무인가
선택인가? ② 진정한 용기는 두려움의 부재인가,
두려움 속 결단인가? ③ 공동선을 위해 개인
생명을 내놓는 결정은 도덕적으로 정당한가요?

⑥ 작가와 작품의 의의

오귀스트 로댕(1840~1917)은 근대 조각의 전환점이었다.
파편화·반복·조립 등 실험을 통해 인체의 심리·질감을 탐구하는
작가로 평가받고 있다. 〈칼레의 시민〉은 여러 도시로 주조되어
공공장소에 설치되었다. 영웅주의 대신 시민의 고뇌와 연대를
전면에 내세웠다. 동일 눈높이 배치는 민주적 공간 경험을 형
성하며, 공공미술, 시민 기억의 모델로 평가되고 있다. 사건이
일어난 후 500여 년 뒤(1884), 칼레 시는 여섯 시민을 기리는
조각을 오귀스트 로댕에게 의뢰했다. 로댕은 영웅적 승리 대신,
결단 직전의 두려움·슬픔·책임감을 인물마다 다른 표정과
자세로 표현해 〈칼레의 시민〉을 완성했고, 작품은 곧 근대
조각의 기념비가 되었다. 1913년에는 영국도 런던 의사당
정원에 동일한 주제의 청동상을 세워 사건을 기념했다. 칼레
시민 일부는 "영웅답지 않다"며 미화를 요구했지만, 로댕은
평범한 시민의 용기를 끝까지 고수했다. 초기에는 반대 여론으로
변두리에 설치되었으나, 시간이 흐르며 작품은 연대와 책임의
상징으로 자리매김했다.

작품	탐구 주제 수업 방법	주요 활동	수업-평가 연계
소크라테스의죽음	• 양심의 불복종: 법과 정의의 대립 • 사례 학습 • 소크라틱 세미나	• "법을 어기더라도 옳은 일을 해야 하는가?" • 시민불복종의 5가지 조건(최후의 수단·비폭력·공동선 추구·공개성·처벌 감수)	• 이해: 법과 정의의 차이 설명 • 기능: 불복종 조건 근거 제시 • 태도: 양심과 책임의 조화
호라티우스의맹세	• 공동선의 윤리: 의무와 감정의 대립 • 딜레마 토론	• 의무와 감정의 갈등 분석(인물의 자세·시선·공간 구도) • 공동선 vs 개인선 가치 사이의 딜레마 • 시민불복종 5가지 조건 적용 판단	• 이해: 개인선·공동선 구분 • 기능: 의무와 감정의 조화방안제시 • 태도: 공동선 추구 태도
칼레의시민	• 시민의 연대: 개인과 공동체의 통합 • 역할극(공론장)	• 용기·연대·책임 찾기(여섯 인물의 표정·손·자세 등) • 공론장 시뮬레이션: "어떤 행동이 진정한 시민의 연대인가?" • 시민불복종의 5가지 조건을 실제 공동체 사례에 적용	• 이해: 공동체와 시민의 관계 • 기능: 공정한 사회 건설 방안 제시 • 태도: 연대·책임·존중 실천

[명화 활용 수업 방법 및 주요 활동, 수업-평가 연계]

작품	철학적 주제	시민불복종 조건	핵심 가치
〈소크라테스의 죽음〉	양심 vs 법	처벌 감수·공개성·공공성	정의, 진실, 양심
〈호라티우스의 맹세〉	의무 vs 감정	최후의 수단·공공성	의무, 헌신, 공동선
〈칼레의 시민〉	개인 vs 공동체	비폭력·공개성·공공성	용기, 연대, 책임

7) 명화 활용을 위한 수업 방법

(1) 탐구-실행-성찰

단계	활용 가능 수업 방법	활동 예
탐구	작품 속 단서 찾기, 소크라틱 세미나, 짝 토론	인물의 시선·손동작에서 도덕적 의미 찾기, 근거 토론
실행	토의·토론, 딜레마 토의	공동선-개인선 관계 정리, 입장 이동 토론
성찰	공론장 시뮬레이션, 퍼블릭 프레젠테이션, 저널 쓰기	정책 제안·시민 행동 브리프 작성, "합법과 정당 사이" 성찰일지

- **갤러리 워크**: 교실을 작은 전시장처럼 운영하여 서로의 산출물을 빠르게 보고 피드백(강점/질문/보완)을 남긴다.
  - 핵심 흐름: 전시 → 순회 → 포스트잇 피드백 → 수정 계획 한 줄
  - ☞ 남기는 것: 수정 전/후·포스트잇

- **카드 소팅**: 개념·조건·사례 카드를 묶어 의미 범주를 만든다.
  - 핵심 흐름: 섞기 → 묶기 → 라벨링 → 30초 공유
  - ☞ 남기는 것: 사진·라벨 문장

- **미니 강의**: 핵심 개념/절차를 5분 안에 정의-관계-예시로 요약한다.
  - 핵심 흐름: 슬라이드 3장+확인 질문 1개
  - ☞ 남기는 것: 품질 기준 카드

- **스탠스 라인 토론**: 바닥의 찬-반 선 위에서 입장 이동을 허용하는 짧은 토론.
  - 핵심 흐름: 위치 서기 → 30초 근거 → 이동 허용

☞ 남기는 것: 최종 위치·근거 한 줄

- **원탁 토론:** 원탁에서 학생이 질문을 만들고 이어 말하며 공동 결론에 이르는 토론.
  ‣ 핵심 흐름: 이전 발언 요약 후 발언·기록자 운영
  ☞ 남기는 것: 발언 연결 지도

- **작품 분석 TPS:** 작품 속 단서(빛·손·구도)를 사실 → 의미 → 근거 순서로 나눈다.
  ‣ 핵심 흐름: Think(개인) → Pair(반증 질문) → Share(사실 1+의미 1+근거 1)
  ☞ 남기는 것: 3칸 표 활동지

- **스튜디오 코칭:** 교사는 순회 편집자, 학생은 초안 → 수정 → 완성의 흐름으로 작업한다.
  ‣ 핵심 흐름: 상태 보드 운영·3문장 피드백
  ☞ 남기는 것: 수정 전/후·포스트잇

- **롤플레이(공론장 설계):** 퍼실리테이터·타임키퍼·팩트체커 등 역할로 절차적 정의를 체험한다.
  ‣ 핵심 흐름: 발인 60초·질의 30초·안A/B·합의/⅔표결·지표 확정
  ☞ 남기는 것: 합의문 1쪽

- **학생 퍼실리테이션:** 학생이 토의/토론/발표를 중립적으로 진행한다.
  ‣ 핵심 흐름: 진행 대본(규칙·시간·요약)으로 운영
  ☞ 남기는 것: 진행 체크리스트

- **공론장 시뮬레이션:** 학교 의제를 현실 정책으로 변환한다.
  ‣ 핵심 흐름: 증거 제시 → 소수자 보호 장치 → 안 A/B → 의사결정 → 이행 지표
  ☞ 남기는 것: 정책 브리프 골격

- **퍼블릭 프레젠테이션(전시·스티키 도슨트)**: 전시 앞에서 60초 설명과 Q&A를 수행한다.
  ‣ 핵심 흐름: 스티커 투표·질문 응대
☞ 남기는 것: 투표·Q&A 기록

- **개별 컨퍼런스·쓰기 워크숍**: 교사-학생 1:1로 주장-증거-다음 한 줄을 정리한다.
  ‣ 핵심 흐름: 5분 컨퍼런스 기록지
☞ 남기는 것: 컨퍼런스 시트

(2) 소크라틱 세미나 & 학생 퍼실리테이터[20)]

① 소크라틱 세미나를 위한 사전 준비

▶ 주제 및 텍스트 선정

- 주제: 시민성과 윤리(정당한 불복종이란 무엇인가?)
- 텍스트 선정(작품)

-〈소크라테스의 죽음〉-법과 양심의 충돌

-〈호라티우스의 맹세〉-개인선·공동선·의무의 관계

-〈칼레의 시민〉-용기·연대·책임의 의미

▶ 학생 역할 배분

- 퍼실리테이터: 토론 진행 및 참여 균형 조정
- 학생들의 역할: 발언 내용 및 근거 요약, 질문 및 의견 제시, 이전 발언을 1문장으로 요약하고 연결 등

② 학생 퍼실리테이터 오프닝 스크립트

---

20) 소크라틱 세미나 절차: ① 개인 질문 만들기 → ② 작은 모둠 세미나 → ③ 소크라틱 세미나 → ④ 세미나 스케치인데, 학생 퍼실리테이터랑 함께 운영하기 위해서 ① 개인 질문 만들기 → ② 소크라틱 세미나 → ③세미나 스케치로 운영함.

▶ **오프닝**

오늘 소크라틱 세미나는 '증거 → 원칙 → 판단' 순서로 진행합니다. 규칙은 세 가지입니다.

- 한 번에 한 사람만 말하기
- 이전 발언을 1문장 요약하고 이어 말하기
- 근거는 그림 속 단서(빛·손·구도 등)나 자료에서 찾기

▶ **진행 안내 20초**

- 말하고 싶은 분은 손을 들지 말고 눈맞춤으로 신호하세요. 퍼실리테이터가 이름을 부릅니다.
- 모두 최소 발언 1회+질문 1회를 목표로 합니다.

▶ **기준 고정 10초**

- 오늘의 판단 기준: 불복종 5조건 / 개인선-공동선-의무 (비례·최소침해·필요성) / 용기-연대-책임

▶ **마무리**

- "첫 질문은 ……입니다. A님, 시작하시겠어요?"

③ 질문하기 (개인 질문 만들기)

▶ **작품별 질문**

☞ 〈소크라테스의 죽음〉

- 이 장면에서 공개성 또는 처벌 수용을 떠올리게 하는 그림 속 단서는 무엇인가요?
- 법의 권위와 양심이 충돌할 때, 소크라테스의 제스처는 무엇을 가리키나요?
- 이 작품이 시민불복종의 다섯 조건 중 특히 강조하는 것은 무엇이며, 왜인가요?

☞ 〈호라티우스의 맹세〉

• 세 개의 아치와 검을 든 손이 '개인선-공동선-의무'의 어떤 관계를 보여 주나요?

• 여성 군상의 감정과 남성의 결의가 주는 메시지를 한 문장으로 말해 보세요.

• 이 장면을 오늘의 학교 규칙에 적용하면 어떤 원칙(비례/최소침해/필요성)이 도출되나요?

☞ 〈칼레의 시민〉

• 여섯 시민의 서로 다른 표정·자세가 말하는 용기·연대·책임은 무엇인가요?

• 낮은 받침대(같은 눈높이) 배치가 주는 시민적 메시지는 무엇인가요?

• 열쇠·허리끈의 상징을 오늘의 공동선 딜레마와 연결해 보세요.

▶ **추적 질문(발언을 더 깊게)**

• "방금 말한 내용을 작품의 어느 위치/장면으로 뒷받침하나요?"

• "그 주장에 가장 강한 반론은 무엇일까요?"

• "그렇다면 우리의 판단 기준은 무엇이어야 하나요?(불복종 5조건/비례성/형평성 등)"

• "예외가 있다면 어떤 경우인가요? 한 가지 사례를 들어 주세요."

• "그 주장을 수치/지표로 표현한다면?(%, 횟수, 기간)"

• "같은 단서를 다르게 해석하면 어떤 결론이 나오나요?"

▶ **탐색 질문(적용·전이·철학)**

• "부당한 법을 어기는 일은 언제 정당한가요? 여러분의

조건표를 제시해 보세요.”
- “다수의 이익을 위해 소수의 권리를 제한하는 정책은 어떤 기준에서만 허용되나요?”
- “‘의무’는 자유를 제한합니까, 아니면 가능하게 합니까? 사례로 설명해 주세요.”
- “공포 속 결단은 어떻게 공동선과 조화될 수 있나요?”
- “온라인 캠페인이 정당한 시민불복종이 되려면 무엇이 추가로 필요할까요?”
- “우리 학교/지역의 실제 의제에 적용하면 정책 대안 A/B가 무엇인가요?”

④ 소크라틱 세미나 흐름·역할·규칙(35분 정도)
- 도입 3′−오프닝·규칙 확인·기준 고정
- 라운드 1 10′−개시 질문(작품별)
- 라운드 2 12′−추적 질문으로 근거·기준 정교화
- 라운드 3 8′−탐색 질문으로 적용·전이
- 마무리 2′−한 문장 결론 & 다음 과제 연결(PT1/2/3/4)
- 규칙: 이어말하기·증거 중심·시간 균형·존중/형평

⑤ 말문 열기, 이어주기 문장(예시)
- “제가 들은 바로는 ○○ 님이 ……라고 했고, 저는 여기에 ……을(를) 덧붙입니다.”
- “방금 주장에 대한 가장 강한 반론은 ……일 것 같아요. 이에 대해 …….”
- “그 기준으로 보면, 이 사례는 …(정당/부당)… 같습니다. 이유는 …….”

- "그림 속 단서(빛/손/위치)는 ……이므로, 제 주장은 ……입니다."

⑥ 형평을 위한 퍼실리테이션 팁(상황 대처)
- 조용한 분위기: '1분 셋업(생각 → 한 줄 메모)' 후 말하기
- 지배적 발언: '요약 → 패스' 규칙(요약만 하고 다음 사람 지명)
- 균형 잡기: '아직 말하지 않은 분 먼저'
- 시간 압박: '30초 라이트닝 라운드로 마무리'

6. 관찰 체크 - ✓/△/×

- ☐ 증거성: 그림 속 단서/자료 인용으로 주장-근거 연결
- ☐ 기준 명료성: 불복종 5조건/비례·형평 등 판단 기준 사용
- ☐ 이어주기: 이전 발언 요약 후 연결
- ☐ 형평: 다양한 목소리 참여 보장
- ☐ 적용성: 결론이 행동/지표로 귀결

7. 진행 체크리스트(퍼실리테이터용)

- ☐ 개시 질문 1개로 시작했는가?
- ☐ 요약 → 이어 주기 규칙이 지켜졌는가?
- ☐ 근거 요구(그림 속 단서/자료)가 이루어졌는가?
- ☐ 반론-재반박이 최소 1회 나왔는가?
- ☐ 한 문장 결론으로 마무리했는가?

8) 탐구 활동지 1

(1) 〈소크라테스의 죽음〉(자크-루이 다비드, 1787)

① 작품 보기

철학자 소크라테스가 독배를 앞에 두고 제자들에게 마지막 가르침을 전하는 순간을 그린다. 그는 사상 포기 대신 죽음을 선택했고, 영혼의 불멸을 말하며 죽음을 두려워하지 않았다. 화가는 평정한 소크라테스와 비탄에 잠긴 제자들을 대비시키고, 빛으로 소크라테스의 정신적 존엄을 강조한다.

② 그림 속 단서

그림 속에서 들어 올린 손가락은 진리와 보편 규범을 가리키는 제스처로 기능하고, 독배를 향한 손은 선택의 결과에 대한 책임과 처벌을 받아들이는 태도를 드러낸다. 침대 끝에 위치한 플라톤과 무릎을 붙잡고 만류하는 크리톤의 모습은 제자들의 비탄과 갈등을 보여주며, 질서 정연한 공간 구성과 차가운 색조는 신고전주의 특유의 절제와 이성을 강조한다.

③ 핵심 개념

핵심 개념은 시민불복종의 조건으로, 최후의 수단, 비폭력, 공동선 추구, 공개성, 처벌 감수를 포함한다. 이는 자유-정의-공동선이라는 틀 속에서 개인의 양심과 공동체 규범이 조화를 이루어야 함을 뜻하며, 판단의 기준으로는 비례성, 최소침해, 필요성이 제시된다.

④ 용어 풀이

- **영혼의 불멸**: 몸이 죽어도 영혼은 계속된다는 생각
- **처벌 수용**: 법적 결과를 피하지 않고 공개적으로 감수하

는 태도
- **신고전주의**: 고대 그리스·로마의 질서·균형·이상을 본받은
예술 경향

⑤ 탐구 질문
- **사실 질문**: 가장 강한 빛은 어디에 닿는가? 그 위치가
주는 의미는?
- **개념 질문**: 이 장면에서 시민불복종의 조건 중 핵심 두
가지를 고르고, 그림 단서로 설명하라.
- **논쟁 질문**: 부당한 법을 어기는 행위는 언제 정당한가?
당신의 판단 원칙을 2가지 이상 제시하여
설명한다면?

⑥ 오늘 배운 한 문장
"나는______상황에서______기준에 따라______을(를) 선택한다."

(2) 〈호라티우스의 맹세〉(자크-루이 다비드, 1787)

① 작품 보기
전쟁을 중단하기 위해 로마와 알바는 대표 전사들의 결투로
승부를 보기로 했다. 로마의 호라티우스 형제는 아버지 앞에서
승리를 맹세하고, 오른쪽의 가족들은 비극을 예감한다. 다비드는
출정 직전의 냉정한 맹세와 흔들리는 감정을 엄격한 구도로
대비시켜, 공동선과 의무의 윤리를 드러낸다.

② 그림 속 단서

그림 속 단서로 제시되는 세 개의 아치는 공간과 역할을 구획하며 질서와 규범을 상징하고, 세 자루의 검은 공적 의무의 기준인 공동선에 대한 맹세를 나타낸다. 전사들의 직선적 팔과 다리는 결연함과 복종, 공화적 미덕을 강조하는 반면, 여성 군상의 곡선적 자세는 사랑과 슬픔 등 사적 선의 영역을 드러낸다. 여기에 사선으로 들어오는 광선은 팔과 검의 방향을 한층 강화하며 장면의 긴장을 고조시킨다.

③ 핵심 개념

핵심 개념은 공동선과 개인선의 대비로, 누구의 이익이 언제 우선되어야 하는가라는 질문으로 이어진다. 이는 비례성, 형평성, 필요성이라는 기준을 통해 자유 제한이 언제 정당화될 수 있는지를 묻는 문제로 확장되며, 나아가 공공성과 최후수단 등 시민불복종과의 다리를 이루는 판단 기준으로 연결된다.

④ 용어 풀이
- **공동선**: 모두가 함께 누리는 안전·질서·복리
- **비례성**: 목적 달성에 필요한 만큼만 제한한다는 원칙
- **프리즈**: 인물을 가로로 늘어놓는 배열 방식(부조처럼 보임)

⑤ 탐구 질문(F-C-D)
- **사실 질문**: 아버지·전사·여성 군상은 각각 화면 어디(아치)에 배치되었는가?
- **개념 질문**: '의무-감정'의 긴장을 비례/형평/필요성 중 하나로 해석하라.

- **논쟁 질문**: 가족의 고통을 감수하더라도 공동선을 위해 출정을 택하는 결정은 언제 정당한가? 당신의 기준 2개로 판별하라.

⑥ 오늘의 한 문장

"공동선과 개인의 감정이 충돌할 때, 나는 _____ 기준에 따라 ______을(를) 선택한다."

(3) 〈칼레의 시민〉 (오귀스트 로댕, 1884-1895)

① 작품 보기

백년전쟁 중 칼레를 구하기 위해 여섯 시민이 스스로 포로가 되기를 자청한 사건을 조각으로 기념했다. 로댕은 영웅적 승리의 순간 대신, 결단 직전의 두려움·슬픔·책임을 각기 다른 자세와 표정으로 보여 준다. 낮은 받침대(같은 눈높이)는 관람자가 시민들과 같은 자리에 서도록 요청하며, 연대와 책임의 윤리를 생각하게 한다.

② 작품 속 단서

작품 속 단서로는 각기 다른 표정과 손짓, 걸음걸이를 통해 용기와 망설임, 체념, 책임에 이르는 감정의 스펙트럼이 드러나며, 밧줄과 허리끈, 열쇠는 포로의 신분과 도시의 운명을 상징한다. 맨발과 여윈 몸은 희생의 현실성과 취약성을 강조하고, 낮은 받침대는 관람자와 같은 눈높이를 형성해 관객을 '시민'의 자리로 초대한다. 이러한 군상 배치는 한 명의 영웅이 아니라 '우리'의 선택이 공동체를 지탱한다는 메시지를 분명히 한다.

③ 핵심 개념

핵심 개념은 용기·연대·책임으로, 두려움 속에서도 함께 행동할 수 있는 힘을 강조한다. 이는 공동선과 개인의 위험 사이에서 언제, 어떤 조건에서 희생이 정당화될 수 있는지를 묻는 문제로 이어지며, 공공성·비폭력·처벌 수용 등 시민불복종과 연결되는 판단 기준으로 확장된다.

④ 용어 풀이
- **연대**: 타인의 고통을 나의 일처럼 여기고 함께 책임지는 태도
- **공공성**: 사익보다 공동체의 이익을 우선 고려하는 성질
- **군상(群像)**: 여러 인물이 모여 하나의 주제를 구성하는 조각 형식

⑤ 탐구 질문
- **사실 질문**: 여섯 시민의 손·발·시선에서 읽히는 감정은 무엇인가? 서로 다른 두 인물을 골라 비교하라.
- **개념 질문**: 이 작품이 제시하는 '연대·책임'의 기준을 오늘의 시민 덕목으로 번역해 행동 규칙(누가/무엇/언제/얼마나)을 만들라.
- **논쟁 질문**: 공동선을 위해 개인의 생명/자유를 위험에 놓는 결정은 언제 정당한가? 당신의 원칙은 무엇인가?

⑥ 오늘의 한 문장
"나는 두려움 속에서도______와(과)______을(를) 지키기 위해 ______을(를) 선택한다."

9) 개념 기반 탐구학습 사례 예시

(1) 영역: 시민성과 윤리(시민과 국가의 관계, 시민의 참여와 시민불복종)

① **주제**: 충성, 양심, 희생으로 다시 묻는 '좋은 시민'이란 (〈호라티우스의 맹세〉, 〈소크라테스의 죽음〉, 〈칼레의 시민들〉)

② **성취 목표**

- 세 작품의 역사·미학·윤리 맥락을 설명하고 핵심 개념(의무, 정의, 충성, 시민적 용기, 공동선)을 구분할 수 있다.
- 개인의 양심과 공동체의 요구가 충돌할 때, 대안들을 제시하고 근거 기반으로 판단할 수 있다.
- 공적 상황(분쟁·재난·정책)에서 시민으로서 취할 실행 가능한 행동 원칙을 수립할 수 있다.

③ **ATL 목표 (Approaches to Learning Objectives)**

- **사고(Thinking)**

−비판적 사고: 주장−근거−반론−재구성의 논증 루틴을 사용해 경쟁 가치를 평가

−창의적 사고: 동일 장면을 의무론/공리주의/덕 윤리 세 관점으로 재구성

- **의사소통(Communication)**

−정밀 서술: 시각 요소(손·발·시선·소도구)를 기술 어휘로 정확히 묘사하고 논증에 연결, 작품 주해 표(근거 라벨링), 발표 슬라이드 1−2장 준비

−대화 기술: 소크라테스식 문답법으로 진행, 페어 토론 기록지를 작성하게 한다. 질문 유형/요약/합의·불일치

지점을 확인한다.

- **연구(Research)**
- ー출처 확인: 박물관 1차 자료(작품 카드)에서 연도·맥락을 확인하고 과장/왜곡 없이 인용, 주석 달린 참고 목록(작품명·소장처·링크/식별번호), 본문 내 인용
- ー자료 통합: 시각 자료와 철학 텍스트/이론 카드의 정보를 교차 검증해 판단 기준을 명시, 판단 기준 카드(일관성/보편화/결과/권리·의무/공동선 중 2개 선택 이유 서술)

(2) 주요 개념 (Key Concept)

- **관계(Relationships)**: 개인-공동체-국가 사이의 도덕적·정치적 관계
- **관련 개념(Related Concepts)**: 정의(Justice), 권위와 권력(Authority & Power), 시민적 정체성(Civic Identity), 논증(Argument), 해석(Interpretation)
- **세계적 맥락 (Global Context)**
- ー공정성과 발전(Fairness and development)ー권리·의무, 시민 참여, 제도와 정의.
- ー정체성과 관계(Identities and relationships)ー시민 정체성, 양심, 공동선.
- **탐구 진술(Statement of Inquiry)**
- ー예술 작품을 통해 시민의 정체성과 국가 권위의 관계를 해석하고 논증하는 과정은, 사회적 정의를 어떻게 이해하고 실천할지에 대한 우리의 선택을 형성한다.

(3) 개념적 렌즈

-의무 vs 배려

-충성 vs 양심

-개인 권리 vs 공동선

-명예 vs 생명을 건 비극적 선택

(4) 핵심 질문

• 사실 질문

-세 작품의 제작자·연도·장소는 무엇인가?

-〈호라티우스의 맹세〉가 참조하는 로마의 사건은 무엇이며, 장면 속 세 형제와 아버지의 관계는?

-〈소크라테스의 죽음〉에서 컵·침상·제자 배열은 어떤 순간을 구체적으로 나타내는가?

-〈칼레의 시민들〉의 여섯 인물은 어떤 역사적 요청에 응답했는가?

-각 작품에서 '결정의 징후'로 볼 수 있는 손·발·시선의 방향은?

• 개념 질문

-'의무(duty)', '충성(loyalty)', '양심(conscience)', '시민적 용기(civic courage)'의 경계는 어떻게 구분되는가?

-한 작품 안에서 개인의 감정과 공적 역할은 어떤 '관계(relationships)'로 묘사되는가?

-구도·광선·제스처 같은 시각적 증거(visual evidence)는 '정의(justice)'의 관념을 어떻게 해석(interpretation)하게 만드는가?

-'국가 권위(authority)'의 정당성은 어떤 '원칙

(principles)'에 의존하며, 작품은 이를 어떻게 드러내는가?

−세 작품이 제시하는 '공동선(common good)'의 의미는 동일한가, 다르다면 어떤 기준에서 다른가?

- **논쟁 질문**

−국가의 요구와 개인의 양심이 충돌할 때, 어떤 조건에서 국가가 우선될 수 있는가? 반대로 어떤 조건에서 개인이 거부할 권리가 정당화되는가?

−'희생(sacrifice)'은 시민적 덕의 핵심인가, 아니면 예외적 조치인가?

−공공의 위기 상황에서 '비(非)영웅적 용기'(두려움 속 결단)는 '영웅적 충성'보다 더 시민적이라고 볼 수 있는가?

−예술 작품을 정책 판단의 근거로 삼는 것은 정당한가? (예: 양심적 병역거부, 내부고발자 보호, 재난 현장 시민 행동 지침)

(5) 차시 구성 예시

- **오리엔테이션**: '좋은 시민' 정의 쓰기(포스트잇) → 세 작품 프리뷰 갤러리 워크.

- **작품 분석**

−〈호라티우스의 맹세〉: 충성과 공화국 시민 미덕 읽기 (구도·수사학 분석)

−〈소크라테스의 죽음〉: 법의 권위, 시민불복종, 양심의 한계 토론(플라톤 맥락 포함)

−〈칼레의 시민들〉: 집단의 존엄과 비(非)영웅적 용기, '두려움 속의 결단' 읽기

- **세 작품의 주장-근거-반례-재반박 비교 논증 지도 제작**

(모둠별 활동)

· **사례 전이**

－현대 이슈 매칭(내부고발, 긴급재난, 국가안보). 각 팀이 작품 하나를 선택해서 '개념 렌즈'로 적용해 정책 선택지 도출

－모의 공청회－"양심에 따른 거부를 어디까지 허용할 것인가?" (이해관계자 롤 플레이)

· **글쓰기**: 비교분석 에세이(논제: "충성·양심·희생 중 시민적 덕의 중심은 무엇인가?") 구조 설계－초안－상호 피드백

· **시민 선언문 제작**: 우리 학교/지역을 위한 시민 규범 (행동 원칙) 작성·포스터화

· **전시·성찰**: '작품－논증－정책－선언문' 순환 과정을 메타 성찰(무엇을 보았고, 무엇을 바꾸었는가?

(6) 평가 과제

▶ **비교분석 에세이(1200-1500자)**

· **논제 예시**: "국가의 요구가 개인 양심과 충돌할 때, 정당한 시민은 무엇을 해야 하는가? 〈호라티우스의 맹세〉, 〈소크라테스의 죽음〉, 〈칼레의 시민들〉을 중심으로"

· **필수 요소**: (1) 작품 맥락과 핵심 장면의 시각적 근거 제시 (2) 개념 정의(의무·양심·공동선) (3) 반론 고려 (4) 최종 판단과 현실 적용.

▶ **모의 공청회 정책 브리프(2쪽 정도)**

· **주제 예시**: '내부고발자 보호 조례'/'재난 현장 시민행동 지침' 초안을 작성하시오.

－작품 한 점을 정책적 근거로 인용하고, 예상 반대 논거와 보완책 제시하시오.

▶ **평가 기준**
- **개념 이해**: 작품·역사 맥락, 윤리 개념을 정확히 정의·연결
- **시각 증거 사용**: 구도·제스처·표정 등 작품의 구체 요소로 주장 뒷받침
- **논증의 질**: 주장-근거-반론-재구성의 일관성과 타당성
- **전이·실천**: 현대 사례에의 정책적/행동적 전환 가능성
- **표현**: 명료성, 출처 표기, 협업 기여

(7) 활동지 양식

① 시민성과 윤리

▶ **주제**

시민의 의무(Civic Duty), 양심(Conscience), 희생(sacrifice), 시민적 용기(Civic Courage), 공동선(Common Good), 충성(Loyalty), 애국심(patriotism)

▶ **개념: '시민'이란?**
- 한 줄 정의: 좋은 시민은 ________________________.
- 근거 한 문장: 그 이유는 ________________________.
- 의무(Duty): ________________________.
- 충성(Loyalty): ________________________.
- 양심(Conscience): ________________________.
- 시민적 용기(Civic Courage): ________________________.
- 공동선(Common Good): ________________________.

▶ 작품 분석: 국가의 요구와 개인 양심이 충돌할 때 무엇이 우선하는가?

축	〈소크라테스의 죽음〉	〈호라티우스의 맹세〉	〈칼레의 시민〉
핵심 장면 (시각 근거)			
주장			
핵심 개념			
시각 근거			
적용 이론 (칸트/공리/덕)			
반론			
재구성/조건부			
현실 전이 (정책/행동)			

* 작품 분석 시각 근거 예시: 호라티우스의 맹세-오른팔 수평 제스처(결의), 아버지의 검 수여(공적 의무의 상징), 발의 방향(주저/전진), 헐거운 밧줄(두려움 속의 결단) 등.

▶ 윤리 이론 적용

- 선택 이론 1개(칸트의 의무론/공리주의/덕 윤리)를 골라 특정 장면에 적용해 보세요.

이론	핵심 기준	작품·장면	판단(정당/부당)	근거(2문장)

- 다음 중 하나를 택해 작품의 렌즈로 정책 선택지를 설계해 보세요.

<table>
<tr><td>[사례]

• 내부고발
• 재난 현장 시민행동
• 국가안보와 개인 권리</td><td>[정책 제안하기]

① 문제정의
② 선택지 A/B/C
③ 평가 기준
　(공동선/권리/피해 최소)
④ 권고안+반대 논거·보완책</td></tr>
</table>

▶ **성찰**

• 오늘의 한 문장: "나는＿＿＿＿＿상황에서＿＿＿＿＿을(를) 선택하겠다. 왜냐하면 ＿＿＿＿＿＿＿＿＿＿＿＿＿＿＿＿＿＿."

▶ **체크리스트**

- ☐ 근거가 구체적인가?
- ☐ 반론을 공정히 제시했는가?
- ☐ 판단 기준이 분명한가?
- ☐ 작품·세부를 정확히 명명(영문 제목 병기)
- ☐ 개념 정의가 주장과 연결
- ☐ 시각적 증거에 좌표·세부 묘사 포함
- ☐ 반론이 실제로 타당한 이유를 가짐
- ☐ 최종 판단에 기준 2개 이상 명시
- ☐ 인용·참고 표기(작품 카드/박물관 페이지)

10) 탐구 질문

(1) 〈소크라테스의 죽음〉— '양심의 불복종(법과 정의의 대립)'

• **사실 질문**

－가장 강한 빛은 누구/무엇을 비추고 있나요?

－소크라테스의 손 모양(올려 든 손/독배 쪽 손)은 각각 어디를 가리키나요?

－제자들의 표정·몸의 방향은 어떻게 대비되나요?

• **개념 질문**

—이 장면에서 확인되는 시민불복종 5가지 조건 중 핵심
  두 가지는 무엇이며, 왜 그렇게 해석하나요?
—법과 정의가 충돌할 때 적용할 판단 원칙(비례·최소침해·
  필요성) 하나를 고르고, 작품의 단서로 설명하세요.
—소크라테스가 보여 주는 시민의 덕을 한 단어로 요약하고,
  그 근거 단서를 제시하세요.
• 논쟁 질문
—부당한 법을 어기는 일은 언제 정당한가? 여러분이 제시
  하는 조건은 무엇인가?
—공공질서와 양심 중 무엇이 우선하는가? 구체적인 사례를
  제시해서 설명하세요.
—'법을 지키며 죽음' vs '법을 어기고 구명' 중 어느 쪽이
  더 시민적인가요?

(2) 〈호라티우스의 맹세〉-'공동선의 윤리(의무와 감정의 대립)'

• 사실 질문
—세 개의 아치는 장면을 어떻게 나누고 무엇을 강조하나요?
—검을 향한 손과 인물들의 시선은 어디로 향하나요?
—여성 인물들의 자세·표정은 무엇을 드러내나요?
• 개념 질문
—작품이 말하는 개인선-공동선-의무의 관계를 문장으로
  모델링해 보세요.
—공동선을 위해 개인의 자유를 제한할 때, 비례성/형평성
  원칙은 어떻게 적용되어야 하나요?
—'맹세(충성)'가 시민에게 주는 가치와 위험을 각각 한
  문장으로 정리하세요.

• **논쟁 질문**

－다수의 이익을 위해 소수의 권리를 제한하는 정책은
어떤 조건에서만 정당한가요?

－의무는 자유를 제한하는지, 가능하게 하는지 구체적인
사례를 제시하여 설명하세요.

－가족(사적 선)과 도시(공동선)이 충돌할 때 우선순위 원칙을
제안하세요.

(3) 〈칼레의 시민〉-'시민의 연대(개인과 공동체의 통합)'

• **사실 질문**

－여섯 시민의 손·시선·걸음걸이는 각각 어떤 감정을
드러내나요?

－허리끈·열쇠는 무엇을 상징하나요?

－낮은 받침대(같은 눈높이) 배치는 관람자에게 어떤 경험을
유도하나요?

• **개념 질문**

－이 작품이 제시하는 용기·연대·책임을 오늘의 시민 덕목으로
번역해 행동 기준을 만들면?

－'비영웅적 영웅'이 민주주의에 주는 의미는 무엇인가요?

－두려움 속에서도 결단이 가능하려면, 공동선과 어떤
조건들이 갖추어져야 하나요?

• **논쟁 질문**

－극한 상황에서 희생은 의무인가 선택인가요?

－진정한 용기는 두려움의 부재인가, 두려움 속 결단인가요?

－공동선을 위해 개인의 생명/권리를 위험에 놓는 결정은
도덕적으로 정당한가요?

• 공통 질문
－방금 지적한 그림 속 단서가 왜 그 개념을 뒷받침한다고
　보나요?
－당신의 결론을 가능하게 한 기준(시민불복종의 5가지
　조건·비례·형평 등)은 무엇이며, 왜 그 기준이어야 하나요?
－당신의 결론이 학교/지역 사회에서 어떤 행동·지표로
　이어져야 설득력이 생기나요?

11) 평가 과제

(1) 작품 근거 기반 클로즈 리딩(개인 평가)
－작품에서 그림 속 단서 2개(빛·손짓·배치 등)를 찾아 사실
　→ 의미 →개념 연결로 기술
－산출물: 3칸 표(사실/의미/근거) 완성

(2) 시민불복종 정당성 판단표(모둠 평가)
－실제/가상 사례 1건을 골라 시민불복종 5가지 조건(최후의
　수단·비폭력·공동선 추구·공개성·처벌 감수)으로 판정(○/
　△/×)하고 한 문장 근거 작성.
－90초 발표: 결론(정당/부당) + 가장 강한 반론·재반박 1개

(3) 한 문장 결론 & 행동 약속(개인 평가)
－오늘 내 판단 기준은……, 다음 행동/지표는…….

(4) 통합 루브릭(A~E)

기준	A (탁월)	B (우수)	C (기본)	D (미흡)	E (기초 미달)
증거성 (작품의 단서 활용)	작품 속 단서를 정확히 위치·행위까지 적시, 단서 → 개념 연결이 논리적	작품 속 단서를 연결 대체로 타당(소 폭 누락)	단서를 묘사 위주로 단편적으 로 연결	단서 부정확, 오독 다수	단서 제시 거의 없음
기준성 (시민불복종의 조건 적용)	시민불복종의 조건을 일관 적용, 용어 정확, 출처/사례 명시	5조건 대부분 적용, 일부 모호	일부 조건 누락하거 나 피상 적으로 적용	조건 적용이 비약하거 나 단정적임	조건 적용시도 없음
논증성 (주장-근거-반 론)	주장-근거-반 론-결론 완결 구조, 반론·재반박 설득력	구조 갖춤, 반론 간략	주장-근 거는 있으나 반론 빈약	주장 나열, 논흐름 약함	논증 구조 없음
실행성 (행동·지표)	행동 제안이 역할·지표·기 간까지 구체화	행동·지 표 제시, 일부 보완 필요	행동 또는 지표 중 1개만 제시	선언적 제안, 지표 없음	제안 없음; 무관
윤리·협력 (존중·형평·발표)	존중·형평 철저, 발표 명료, 역할 분담 훌륭함	대체로 준수, 발표 명료	기본 준수	불균형/ 편향적 표현, 발표 미흡	비존중, 방해, 규칙 위반

(5) 형성평가

- **사실 문항―3문항 중 2문항 선택**

―가장 강한 빛은 누구/무엇을 비추는가? → 위치/대상
서술하라.

―소크라테스의 손 제스처 두 가지가 가리키는 의미를 한
단어씩 제시하라.

―제자들의 표정·몸 방향 대비를 한 문장으로 서술하라.

- **개념 문항―2문항**

―이 장면에서 확인되는 시민불복종 5조건 중 핵심
두 가지와 근거 단서.

-법 vs 정의 충돌 시 적용할 판단 원칙(비례·최소침해·
필요성 중 택1)과 이유.

· **논쟁 문항**

-다음 사례의 시민불복종은 정당한가? 5조건 표와 함께
결론을 쓰고, 가장 강한 반론-재반박을 1쌍 제시하라.

12) 탐구 활동지 2

(1) 클로즈 리딩표(개인별 활동)

보인다(사실)	뜻한다(해석)	근거(개념 연결)
빛/손/배치 ①		(예: "소크라테스의 상반신을 비추는 강한 빛 → 공개성")
빛/손/배치 ②		(예: "독배로 향한 손 → 처벌 수용·책임")

* 체크: ☐ 단서 위치를 명확히 썼다
　　　　 ☐ 개념어(5조건/법·정의/양심)를 사용했다

(2) 시민불복종 정당성 판단표(모둠별 활동)

조건	○/△/×	한 문장 근거(작품 속 단서/자료)
최후의 수단		
비폭력		
공동선 추구		
공개성		
처벌 감수		

- **결론**: 이 행동은 (정당/부당)이다.
- **가장 강한 반론**: _______________________
- **재반박**: _______________________
- **발표자**: _______________________ / **시간**: 90초

(3) 저널 & 한 문장 결론(개인 활동)

- 오늘 내 판단 기준(키워드 1-2개)

____

- 내 한 문장 결론

____

- 다음 행동/지표(누가/무엇/언제/얼마나)

____

(4) 자기평가 체크(5점 리커트, □표시)

항목	1	2	3	4	5
증거성(구체 단서로 설명했다)	□	□	□	□	□
기준성(5조건을 정확히 썼다)	□	□	□	□	□
의사소통(짧고 명료했다)	□	□	□	□	□
형평/존중(모두의 목소리 보장)	□	□	□	□	□
실행성(행동·지표로 마무리)	□	□	□	□	□

(5) 발표 피드백 카드(동료평가)

- 강점 한 줄(근거가 좋았던 순간)

____

- 궁금증/반론 한 줄

____

 다음 한 줄(개선 제안)

---

13) 논술형 평가 문제 1

문항 1. "합법과 정당 사이"—시민불복종 정당성 논증

▶ 다비드의 '소크라테스의 죽음'을 근거로, 아래의 학교/지역 사례 중 **한 가지**를 골라 **시민불복종의 정당성**을 논증하시오.(600~800자)

<table>
<tr><td>사례 A: 학교 휴대전화 전면 금지 규정에 대한 학생회의 공개적 항의 캠페인</td></tr>
<tr><td>사례 B: 지역 청소년의 심야 버스 증편 요구를 위한 무단 시위 제안</td></tr>
<tr><td>사례 C: 온라인에서의 실명제 반대 서명운동과 교내 포스터 부착</td></tr>
</table>

① 작품의 **그림 속 단서** 2가지(빛·손짓·배치 등)를 구체적으로 인용하여, **법-정의의 긴장**을 설명하라.
② **시민불복종 5가지 조건**(최후의 수단·비폭력· 공동선 추구·공개성·처벌 감수)을 기준으로 사례를 **판정**하고, 각 조건당 **한 문장 근거**를 제시하라.
③ 가장 강한 **반론** 1가지를 제시하고, **재반박**하라.
④ 결론을 **행동/지표**(누가·무엇·언제·얼마나)로 제안하라.

문항 2. "판단 원칙 세우기"―비례·최소침해·필요성 적용

▶ 〈소크라테스의 죽음〉에서 읽어 낸 메시지를 바탕으로, **비례성/최소침해/필요성** 중 **하나**를 선택하여 ① 원칙을 **정의**하고, ② 작품 단서로 정당화하며, ③ 우리 학교 규정 한 가지를 개선안을 포함하여 논하시오.(450~600자)

문항 3. "시민의 덕"―한 문장 규범과 사례

▶ 소크라테스가 보여 준 **시민의 덕**을 한 문장 규범(예: "나는 ___ 때 ___을 선택한다")으로 만들고, 그 규범을 따를 **구체 사례** 1건을 쓰라.(250~350자)

채점 기준

기준	A	B	C	D	E
증거성	정확·구체(위치/행위) + 개념 연결 명료	단서 2, 연결 대체로 타당	단서 1-2, 묘사 위주	단서 부정확/오독	단서 없음
기준성	5조건 일관 적용, 용어·사례 정확, 출처 언급	5조건 대부분 적용	일부 누락/피상 적용	비약/단정 다수	적용 시도 없음
논증성	주장-근거-반론-결론 완결	구조 갖춤, 반론 간략	반론 빈약/단편적	주장 나열	구조 없음
실행성	행동 안에 역할·지표·기간 포함	행동·지표 제시(보완 필요)	행동 또는 지표만 제시	선언적 제안	제안 없음
윤리·표현	존중·형평 준수, 명료한 문장·분량 준수	대체로 준수	기본 준수	미흡/과소·과다 분량	비존중/표절

▶ **핵심 포인트 안내−채점 참고**

• **작품 단서 예시:** "소크라테스의 상반신을 비추는 강한 광원
(공개적 가르침)", "독배로 향한 손(결과 책임·처벌 수용)",
"올려 든 손가락(보편 규범/이성의 호소)", "주변 제자의
비탄과 시선의 분산(법과 정의의 긴장)".

• **5가지 조건 예시 연결:** 공개성(은밀함이 아닌 공개적 호소),
비폭력성(물리력 사용 없음), 최후 수단성(합법적 경로의 소진),
공공성(사익이 아닌 공익 추구), 처벌 수용(법적 결과 감수).

• **행동/지표 예:** '학생회 주관 공개 포럼 2회 개최', '설문
응답률 60% 이상', '8주 내 개정안 초안 상정' 등등

문항 구조 양식

▶ **문항 1 체크박스**

☐ 작품 단서 ① ＿＿＿＿＿ / 의미 ＿＿＿＿＿ ☐ 단서
　　　　　　　② ＿＿＿＿＿ / 의미 ＿＿＿＿＿

☐ 5조건 표(○/△/× + 한 문장 근거)

☐ 반론 ＿＿＿＿＿ / 재반박 ＿＿＿＿＿

☐ 결론(행동·지표) ＿＿＿＿＿

▶ **문항 2**

☐ 선택 원칙(비례/최소침해/필요성): ＿＿＿ 정의 ＿＿＿＿＿

☐ 작품 단서로 정당화 ＿＿＿＿＿

☐ 학교 규정 적용·개선안(지표 포함) ＿＿＿＿＿

▶ 문항 3

☐ 한 문장 규범: "나는 ___ 상황에서 ___ 기준에 따라 ___을(를) 선택한다."

☐ 사례와 지표: ______

14) 논순형 평가 문제 2(통합형)

문항 1. "개인-의무-연대"(900-1200자)

(A) 그림 속 단서 → 개념 도출
- 아래의 세 작품을 공통 자료로 삼아 답하시오.
  다비드, 〈소크라테스의 죽음〉 다비드, 〈호라티우스의 맹세〉, 로댕, 〈칼레의 시민〉
  - ▶ 다음 각각 **그림 속 단서 2개**씩(빛·손짓·시선·구도·배치 등)을 구체적으로 인용하여, 다음 개념과 어떻게 연결되는지 설명하시오.
    -〈소크라테스의 죽음〉: **양심의 불복종**(법 vs 정의)
    -〈호라티우스의 맹세〉: **공동선의 윤리**(의무 vs 감정)
    -〈칼레의 시민〉: **시민의 연대**(개인 vs 공동체)

문항 2. 공통 판단 원칙 만들기

▶ 위 (A)의 분석을 바탕으로, 세 작품의 **공통적으로 판단할 수 있는 원칙 2가지**를 설계하시오. **시민불복종의 5가지 조건**에서 고르고(예: 공개성/비폭력성/최후 수단성/공공성/처벌 수용), 다른 하나는 **비례성·형평성·필요성** 중에서 고르시오. 각 원칙에 대해 ① 정의 ② 작품 근거(단서 인용) ③ 적용 기준(YES/NO 판별 문항 2개)을 제시하시오.

문항 3. 오늘의 사례 판정 + 정책 제안

▶ 학교 또는 지역의 실제/가상 의제 **한 가지**를 정하고, (B)에서 만든 두 원칙으로 **정당성 판정**을 한 뒤, 다음을 포함하는 **정책 제안**을 쓰시오.

　－행동/지표(누가·무엇·언제·얼마나), 역할 배분, 소수자 보호 장치

　－최강 반론 1개와 재반박 1개

문항 구조 양식

▶ 문항 1 (A) 단서-개념 표(작품별 2줄 이상)

작품명	그림 속 단서(구체)	연결 개념/의미
〈소크라테스의 죽음〉	① ＿＿＿＿＿＿ ② ＿＿＿＿＿＿	양심의 불복종(법 vs 정의) → ＿＿＿＿＿
〈호라티우스의 맹세〉	① ＿＿＿＿＿＿ ② ＿＿＿＿＿＿	공동선의 윤리(의무 vs 감정) → ＿＿＿＿＿＿
〈칼레의 시민〉	① ＿＿＿＿＿＿ ② ＿＿＿＿＿＿	시민의　연대(개인-공동체) → ＿＿＿＿＿＿

▶ 문항 2 공통 판단 원칙 2가지

· 원칙 1(5가지 조건 中): ＿＿＿＿＿＿ (정의) → 작품 근거 ＿＿＿＿＿＿ → 판별 문항 Q1/Q2: ＿＿＿＿＿＿/＿＿＿＿＿＿

· 원칙 2(비례/형평/필요성 中): ＿＿＿＿＿＿ (정의) → 작품 근거 ＿＿＿＿＿＿ → 판별 문항 Q1/Q2: ＿＿＿＿＿＿ /

▶ 문항 3 사례·판정·정책

· 의제: ______
· **판정 결과:** (정당/부당)—이유 요약 ______
· **정책 제안:** (행동/지표/역할/기간/소수자 보호) ______
· **반론** → **재반박:** ______ → ______

▶ 모범 요소(채점 참고용 키워드)

· 〈소크라테스의 죽음〉: 강한 광원(공개성), 독배로 향한 손(처벌 수용), 들어 올린 손가락(보편 규범)
· 〈호라티우스〉: 세 아치(공간 구분/공동선), 검을 향한 손(의무), 여성 군상의 비탄(감정·사적 선)
· 〈칼레의 시민〉: 열쇠/허리끈(책임·도시의 운명), 낮은 받침대(시민과 같은 눈높이), 서로 다른 자세(비영웅적 용기·연대)

6부

1. 반복에서 습관으로: 『격몽요결』, '몸에 새긴 교육'

전통사회의 교육에서는 반복적 행동을 통한 습관화가 중시되었다. 가정과 사회에서의 위치에 따라 주어진 의무와 권리가 특정한 행위 패턴으로 정해져 있었기 때문으로 보인다. 현대사회에서는 이러한 패턴이 어떻게 되었고 또 앞으로 어떻게 달라질까? 전통사회에서 반복적 행동을 통한 습관화가 교육의 핵심이었던 이유와 현대사회에서의 변화, 그리고 앞으로의 방향까지 넓게 생각해 본다. 전통사회, 특히 동양 사회에서는 유교적 가치관이 교육 전반에 큰 영향을 미쳤다. 가정과 사회에서의 위치에 따라 주어진 의무와 권리가 명확했고, 이를 수행하기 위한 특정한 행위 패턴이 중요했다.

전통사회에서 반복적 행동을 통한 습관화는 사회 질서 유지를 위해 중요한 역할을 했다. 반복적인 학습과 훈련을 통해 개인이 자신의 역할을 내면화하고, 사회 구성원으로서 당연히 지켜야 할 규범과 예절을 체득하게 했으며, 이는 곧 안정적인 사회 질서 유지로 이어졌다. 또한 이는 인격 수양과 덕성 함양과도 맞닿아 있었다. 단순히 지식만을 배우는 게 아니라, 몸에 익히는 행동을 통해 '군자다운 인격'이나 '효'와 같은 덕목을 자연스럽게 형성하도록 했고, 유교에서 반복 학습을 중요하게 여긴 것도 이러한 인격 수양의 측면이 컸다고 볼 수 있다. 맹자 같은 철학자들도 사람의 마음을 닦고 본성을 회복하는 수양 과정을 강조했다. 더 나아가 기술 및 문화 전수의 측면에서도 반복적 실습은 핵심적인 방식이었다. 농경사회에서는 농사짓는 방법이나 장인의 기술 등 실용적인 지식과 기술을 반복적인 실습을 통해 숙련시켰고, 문화나 풍습 역시 세대를 거쳐 반복적으로 체험하며 전승됐다.

이렇게 전통사회에서는 개인이 '어떤 사람이 되어야 하는가'에 대한 명확한 청사진이 있었고, 반복과 습관화는 그 청사진을 현실로 만드는 강력한 교육 도구였던 셈이다.

1) 현대사회에서의 변화

하지만 현대사회는 많이 달라졌다. 다양성을 존중하고, 개인의 자율성을 중시하며, 변화의 속도가 엄청나게 빨라졌다. 더 이상 '주어진 의무와 권리'가 고정되어 있지 않다. 현대 교육은 '전해 오는 것'을 넘어서 '새로 만들어 가는 것'의 가치가 크게 증대되었고, 창의성, 문제 해결 능력, 비판적 사고, 융합적 사고 등이 강조되면서 단순히 암기하고 반복하는 것보다는 스스로 질문하고 새로운 답을 찾아내는 능력이 더 중요해졌다.

또한 개인의 직업이나 사회적 역할이 고정적이지 않고 평생 여러 번 바뀔 수 있게 되면서, 과거처럼 특정 행위 패턴을 완벽히 습관화하는 것 자체가 어려워졌고, 대신 변화에 적응하고 새로운 것을 빠르게 학습하는 능력이 중요해졌다. 그렇다고 반복 학습이나 습관화가 사라진 것은 아니다. 외국어 학습, 악기 연주, 운동, 전문 기술 습득 등에서는 여전히 반복이 필수적이지만, 그 목적은 '고정된 역할 수행'이 아니라 '개인의 역량 강화와 잠재력 개발'로 이동했다고 볼 수 있다.

이와 함께 디지털 기기 사용 습관, 정보 윤리 의식, 꾸준한 자기 계발 습관 등 현대사회가 요구하는 새로운 형태의 습관화도 나타나고 있다. 더 많은 선택의 자유가 주어진 만큼, 어떤 가치와 행동 패턴을 습관화할 것인지는 온전히 개인의 선택과 책임으로 남게 되었고, 그 과정에서 혼란이나 갈등이 발생하는 것은 피할 수 없는 일이 되었다.

2) 앞으로의 변화 예측

앞으로 AI 기술의 발전과 함께 이런 경향은 더욱 가속화될 것이다. AI가 많은 반복적이고 정형화된 업무를 대체하게 되면서, 데이터 정리나 단순 계산, 루틴한 정보 검색과 같은 작업은 AI가 훨씬 효율적으로 처리하게 될 가능성이 크다. 그만큼 인간에게는 AI가 할 수 없는 고유의 능력, 즉 창의성, 감성, 공감, 윤리적 판단, 비판적 사고, 복합적인 문제 해결 능력, 그리고 새로운 것을 배우고 탐구하는 호기심과 동기가 더욱 중요하게 평가될 것이다. 이러한 능력을 기르기 위해 '자기 주도 학습 습관'이나 '성찰하는 습관'은 핵심적인 교육 목표로 자리 잡을 수 있다.

지식이 빠르게 변화하고 새로운 기술이 끊임없이 등장하는 시대에는 평생 학습이 필수가 되며, 정보를 빠르게 습득하고 필요한 지식을 스스로 찾아내며 새로운 기술을 익히는 '학습 하는 습관' 자체가 가장 중요한 습관이자 능력으로 자리매김할 가능성이 높다. 더 나아가 AI의 발전은 디지털 윤리와 정보 활용 윤리 같은 새로운 기준의 중요성을 부각시키고, 이에 대한 올바른 습관화 역시 교육의 중요한 한 축으로 요구되게 될 것이다.

결국, 반복과 습관화가 가진 교육적 가치는 여전하지만, 그

대상과 목적, 그리고 방식은 시대에 따라 끊임없이 진화하고 있다. 기성세대가 이야기를 해 주면서 젊은 세대를 교육하는 일이 옛일이 되었다. 지금은 AI를 활용한 교육이 유행하면서 전해 오는 것보다 새로 만들어 가는 것에 더 큰 가치를 두는 교육이 이루어지고 있다. 각각의 장단점이 있을 것으로 보인다. 어떤 측면을 지적할 수 있을까? 이는 기성세대가 젊은 세대를 교육하던 방식과 지금 AI 활용 교육이 유행하면서 가치관이 변화하는 흐름에 대한 날카로운 지적이라고 생각한다. 둘 다 각자의 장단점이 명확하게 있어서 어떤 한쪽이 옳다고만 말하기는 어려울 것이다.

(1) 기성세대의 전통적인 교육 방식

▶ 장점

인간적인 유대와 정서적 교감은 선생님이나 어른들과의 직접적인 소통을 통해 형성되며, 이는 사회성, 공감 능력, 정서적 안정감 등 인격 형성의 중요한 밑거름이 된다. 경험에서 우러나오는 지혜와 삶의 태도를 배우는 일은 책이나 AI로는 얻기 힘든 소중한 가치다. 또한 기성세대의 이야기는 우리가 살아온 역사와 문화, 사회적 가치관을 자연스럽게 전달하며, '옛것을 지켜 나가는 가치'를 배울 수 있는 통로가 된다. 대면 교육의 장에서는 질문과 토론을 통해 복잡한 문제에 대한 다양한 시각을 접하고, 비판적으로 사고하는 훈련이 가능하다. 더 나아가 학교나 가정에서의 교육은 단순한 지식 전달을 넘어, 공동체 속에서 살아가는 방식과 규칙을 익히며 사회화와 공동체 의식을 함양하는 중요한 과정으로 기능한다.

▶ 단점

전통적인 방식의 교육은 정해진 커리큘럼을 따르는 구조이기 때문에 학생 개개인의 흥미나 학습 속도, 능력에 맞춘 개별 맞춤 교육이 어렵고, 결국 모든 학생이 똑같이 배우게 된다는 한계를 지닌다. 또한 교사의 역량이나 가르치는 스타일에 따라 교육의 질이 크게 달라질 수 있다는 점 역시 문제로 지적된다. 여기에 더해 학교나 학원과 같은 특정 물리적 공간에서만 학습이 가능하고, 피드백 역시 시간이 지난 뒤에야 이루어지는 경우가 많아 공간과 시간의 제약을 받는다는 한계도 존재한다.

(2) AI를 활용한 교육 방식

▶ 장점

개인별 맞춤 학습과 즉각적인 피드백이 가능하다. AI는 학생 개개인의 학습 진도와 이해도를 분석해서 딱 맞는 학습 자료를 제공하고, 궁금한 점에 대해 바로바로 답변을 줄 수 있다. 미국 캔자스주의 Carnegie Learning 같은 AI 교사 'MATHia'는 학생에게 맞춰 지도하고 학습 진도를 분석해서 학습 내용까지 변경한다고 한다. 효율성 면에서는 정말 최고이다.

또한 AI는 방대한 정보 접근성을 제공한다. 수많은 데이터를 기반으로 정보를 제시하기 때문에 최신 지식이나 다양한 분야의 정보를 쉽고 빠르게 접할 수 있도록 돕는다. 더불어 자기 주도 학습 지원 측면에서도 강점을 지닌다. 학습자는 AI를 활용해 자신의 속도와 방식에 맞게 학습을 설계하고 진행할 수 있으며, 이는 '새로운 것을 만들어 가는 가치'를 실현하는 데 효과적인 도구가 될 수 있다. 나아가 AI 기술을 잘 활용할 경우, 지역이나 환경 때문에 교육 기회가 부족했던 학생들에게도 양질의 학습 기회를 제공함으로써 교육 격차 해소에 기여할 가능성도 크다.

▶ 단점

AI 활용에 대한 기대와 함께 여러 한계와 우려도 함께 제기되고 있다. 먼저 '인지적 빚(cognitive debt)'에 대한 걱정이 크다. AI에 과도하게 의존할 경우 스스로 생각하고 문제를 해결하는 능력이 떨어질 수 있으며, 특히 글쓰기 영역에서는 AI가 대신해 주는 과정에서 학습자 자신의 글쓰기 능력이 저하되거나 두뇌 발달에 부정적인 영향을 줄 수 있다는 경고가 나온다.

또한 AI는 인간의 감성을 이해하고 공감하는 데 한계가 있기 때문에, 인간적 교감이 부족해지고 사회성이나 공감 능력 같은 정서 발달을 충분히 돕기 어렵다는 지적도 있다. 이는 교육에서 매우 중요한 '관계'의 측면이 약화될 수 있음을 의미한다. 여기에 더해 AI가 학습한 데이터 자체에 편향이 있거나 부정확한 정보를 제공할 가능성, 나아가 표절이나 윤리적 문제로 이어질 수 있다는 점도 우려 사항으로 꼽힌다.

AI 교육이 충분히 이루어지지 않을 경우, 오히려 AI를 제대로 활용하지 못하는 'AI 알못(AI를 잘 모르는 사람)'이 늘어날 가능성도 있다. 특히 우리나라 초·중학교의 AI 교육 시간이 미국이나 유럽 등에 비해 적다는 점은 이러한 우려를 더욱 키운다. 실제로 서울대학교 학습과학연구소의 연구에서도, AI가 교육에 효과적으로 통합되기 위해서는 학습의 본질적인

부분을 학습자가 주도적으로 수행하도록 설계해야 한다는 점을
강조하고 있다.

결론적으로 보면, 어느 한쪽이 완전히 좋다고 말하기는
어렵다. 기성세대의 지혜와 AI의 효율성을 잘 융합하는
하이브리드 모델이 가장 이상적인 미래 교육의 방향이 아닐까
싶다. AI는 학습 효율성을 높이고 맞춤형 학습을 제공하면서,
선생님은 학생들의 정서적 지도와 창의적인 사고를 이끌어
내는 데 집중하는 것이다. AI가 인간의 사고를 대체하는 것이
아니라 보완하고 강화하는 방향으로 연구와 노력이 필요하다.

2. AI 시대, 『격몽요결』 장(章)별 읽기와 질문

율곡 이이는 사람이 세상에 태어나 배우고 질문하지 않으면 사람답게 살기 어렵다고 보았다. 하지만 배움은 특별한 기술이나 신기한 방법이 아니라, 일상에서 해야 할 도리를 제대로 하는 것이다. 예를 들어 부모는 자녀를 사랑하고, 자녀는 부모에게 효도하며, 부부는 서로 예의를 지키고, 형제는 우애하고, 어른을 공경하고, 친구 사이에는 믿음을 지키는 것이 곧 배움이다. 배우지 않으면 마음이 막혀 옳고 그름을 잘 판단하지 못하니, 책을 읽고 이치를 살펴 어떻게 행동해야 하는지를 분명히 알아야 한다. 그런데 사람들은 배움을 어렵고 멀게 생각해 피하거나 남에게 미루고, 스스로 포기한 채 살아가니 안타깝다고 했다. 율곡은 자신이 바닷가에 머물 때 배우고 싶어 찾아온 사람들이 방향을 잃을까 걱정되어, 뜻을 세우는 법과 생활 속 실천 방법, 부모를 섬기는 법, 사람을 대하는 법을 간단히 묶어 『격몽요결』을 썼다. 이 책을 통해 배우는 이들이 바로 오늘부터 마음을 다잡고 꾸준히 실천하길, 그리고 자신도 함께 반성하며 고치길 바랐다.[21]

- **사실 질문**: 서문에서 말하는 '학문'은 구체적으로 어떤
  일상적 덕목들(부모·자식·부부·형제·친구 등)로

---

21) 『격몽요결』 장(章)별 읽기와 질문에 수록된 내용 중 일부는 김미덕(2024)의 저서 『고교학점제를 위한 인문학과 윤리: 격몽요결』에 수록된 1장부터 10장까지 내용의 '장의 제목'과 '핵심 내용'과 '이전 질문'을 수정 인용했으며, 이후 장마다 수정 질문을 추가하였다.

설명되는가?

- **개념 질문**: '학문이 일상 속에서 사람을 만든다'는 말에서, 학문은 지식과 어떻게 다르며 어떤 성격을 갖는가?
- **논쟁/철학 질문**: 학문을 '특별한 지식'이 아니라 '일상적 실천'으로 볼 때, 현대 학교의 성적 중심 학습은 무엇을 잃고 무엇을 얻는가?

1) 제1장 입지(立志): 뜻을 먼저 세운다

처음 배우는 사람은 가장 먼저 뜻을 세워야 한다. 성인(聖人)이 되겠다고 스스로 기약하고, 자기 능력이 작다는 것을 핑계 삼아 배우기를 그만두려 하는 생각을 털끝만큼이라도 가져서는 안 된다.

(初學 先須立志 必以聖人自期 不可有一毫自小退託之念)

(1) 이전 질문

① 주희가 경계하라고 가르친 일생에서 '후회할 일 열 가지' 중에 "젊어서 배움에 힘쓰지 않으면 늙어서 후회한다(少不勤學老後悔)"는 글이 있습니다. 배움의 시작과 끝은 어디까지일까요?

② '학문'의 목적은 무엇이며, 왜 학문이 중요할까요?

③ 학문을 하려는 사람의 마음가짐과 자세는 어떠해야 할까요?

④ 나는 일생을 무슨 일, 어떤 일을 하며 어떻게 살아가고 싶나요?

⑤ 좋아하는 일, 잘하는 일, 재미있는 일, 필요한 일,
   해야 하는 일이란 무엇일까요?

(2) 수정 질문

▶ 보람 있는 일과 하고 싶은 일을 해내려면 의지와 능력이
  필요합니다. 능력이 모자라고 의지력이 약한 경우에도
  한번 뜻한 바를 끝까지 지켜야 할까요?

의지와 능력이 부족할 때도 한번 뜻한 바를 끝까지 지켜야
하는지, 그건 정말 쉽지 않은 선택이다. 여기서 '끝까지 지켜야
한다'는 걸 너무 좁게 해석할 필요는 없을 것이다. 때로는
부족함을 알면서도 꾸역꾸역 해내는 과정에서 새로운 능력도
생기고, 의지력이 단련되는 경우가 있기 때문이다. 그렇게
스스로를 단련하고 성장시키는 의미에서 끝까지 해 보는 것이
중요할 수도 있다. 그걸 해냈을 때의 성취감은 또 다른
자신감을 준다. 그런데 또 무작정 밀어붙이는 게 늘 정답은
아니다.

우선 목표의 재검토가 필요할 때가 있다. 우리의 '뜻'이
현재의 능력이나 의지로는 지나치게 벅찬 것이거나, 어쩌면
지금의 나에게 정말 최선의 선택이 아닐 수도 있기 때문이다.
이럴 때는 잠시 멈춰서 그 목표가 여전히 나에게 중요한지,
아니면 좀 더 현실적인 방향이나 다른 대안으로 수정할 수는
없는지 다시 생각해 볼 필요가 있다. 동시에 전략의 유연성도
중요하다. '끝까지 지킨다'는 것이 반드시 처음에 떠올린
방식 그대로여야만 하는 것은 아니다. 의지와 능력이 부족하다면

주변의 도움을 받거나, 접근 방식을 바꾸거나, 목표를 아주 작게 쪼개서 다시 시작하는 등 방법을 유연하게 조정할 수 있다. 마지막으로 자신을 소진하지 않기 역시 중요하다. 지나치게 무리하다 보면 지쳐 버려 그 일 자체에 대한 회의감이나 무기력감만 남을 수 있고, 이는 나중에 정말 중요한 일을 시작할 때 필요한 의지력마저 고갈시키는 결과로 이어질 수 있다. 그래서 끝까지 가는 과정 속에는 자신을 돌보고 조절하는 태도 또한 반드시 포함되어야 한다.

결국엔 자기 자신을 잘 들여다보고, 현재 상황을 객관적으로 판단하는 지혜가 중요하다. 무조건적인 고집보다는, 목표의 본질은 지키되 현실적인 대안을 찾는 유연함이 더 필요할 때가 많다. 어떤 '뜻' 때문에 이런 고민을 하는가? 혹시 지금 마음속에 품고 있는 그 일이 무엇인지, 왜 그렇게 힘들었는지 조금 더 이야기해 볼 수 있을 것이다.

2) 제2장 혁구습(革舊習): 용맹스러운 마음으로 크게 분발한다

잘못된 습관으로 인해 의지가 견고하지 못하고 행실이 독실하지 못하므로, 오늘 저지른 일을 내일 고치기가 어렵고, 아침에 뉘우친 행실을 저녁에 다시 하게 된다. 용맹스러운 마음으로 크게 분발하여, 단칼에 잘못된 습관의 뿌리를 끊어 버리듯 하고, 마음을 깨끗이 씻어 내어 털끝만치도 남은 습관이 없게 하며, 매일매일 노력하여 반성함으로써 마음이 찌든 때를 없앤 다음에야, 학문에 나아가는 공부를 하는 것이라 말할 수 있다.

(此習 使人志不堅固 行不篤實 今日所爲 明日難改 朝悔其

*行 暮已復然 必須大奮勇猛之志 如將一刀 快斷根株 淨洗心
地 無毫髮餘脈 而時時每加猛省之功 使此心無一點舊染之汚
然後 可以論進學之工夫矣。）*

(1) 이전 질문

① 오늘날 우리들은 일상생활에서 무엇을 반성하고 성찰해야
할까요? 어떤 몸가짐과 마음가짐이 바람직한 것일까요?
② '사적인 욕구를 극복하고 예의 정신으로 돌아간다'는 말
의 의미는 무엇일까요?

(2) 수정 질문

▶ 잘못된 습관을 고치는 일은 쉽지 않습니다. 올바르게
생각하고 말하고 행동하기 위해서는 어떤 노력이 필요
한가요?

잘못된 습관을 고치는 게 말처럼 쉽지 않다. 우리 삶에 깊이
배어 있는 거라 더욱 그러하다. 가장 중요한 첫걸음은 '인식'
하는 것이다. 내가 어떤 습관을 가지고 있는지, 그 습관이
어떤 상황에서 나오는지 스스로 아는 것만으로도 변화의
시작이 될 수 있다. 그냥 소리 내어 말하는 것만으로도 나쁜
습관을 변화시키는 데 도움이 된다.

습관은 '신호-반복 행동-보상' 이렇게 굴러가는 고리처럼
형성된다. 예를 들어, 스트레스를 받으면(신호) 담배를 피우고
(반복 행동) 잠깐 답답함이 해소되는(보상) 것과 같다. 이

고리를 잘 들여다보고, 나쁜 습관을 유발하는 '신호'가 뭔지, 그걸 했을 때 얻는 '보상'이 진짜 나에게 도움이 되는지 생각해 보는 게 중요하다. 그리고 이 '반복 행동'을 좀 더 건강하고 긍정적인 다른 행동으로 바꿔 보는 것이다.

물론, 하루아침에 바뀌는 건 아니다. 어떤 연구에서는 습관이 형성되는 데 평균 66일 정도 걸린다고도 한다. 꽤 오랜 시간이 필요한 일이지만, 꾸준히 노력하면 분명 달라질 수 있을 것이다. 너무 조급해하지 말고, 작은 성취들을 쌓아 가는 과정이라고 생각해 보면 좋을 것이다. 스스로에게 좀 더 너그러워지는 것도 필요하다.

올바르게 생각하고 말하고 행동하는 것도 결국 꾸준한 습관 만들기의 과정이다. 마치 운동처럼 그러하다. 처음엔 힘들어도 계속하면 몸에 배는 것처럼, 우리 마음의 습관도 그렇게 만들어 나갈 수 있다.

3) 제3장 지신(持身): 몸과 마음을 하나로 한다

몸과 마음을 하나로 하는 데는 '아홉 가지 모습(九容)'보다 더 절실한 것이 없고, 학문에 나아가 지혜를 더하는 데는 '아홉 가지 생각(九思)'보다 더 절실한 것이 없다.
(收斂身心 莫切於九容 進學益智 莫切於九思.)

(1) 이전 질문

① 성형, 화장, 수술 등을 통해 자신의 신체적 콤플렉스를 없애고 당당하고 더 편안한 삶을 살려고 하는 것은 잘

못된 행동일까요?

② 몸가짐에 대한 글 중 '가볍게 거동하지 말라. 입을 다물어라. 서 있는 모습을 덕스럽게 해라.'라는 말은 지금 우리 시대의 중·고등학생들에게 어색한 표현입니다. 구용(九容)의 내용을 우리 시대에 맞게 고쳐 보세요.

③ 맛있는 걸 먹고, 예쁜 걸 입고, 좋은 집에서 사는 등 좋은 환경에서 공부하게 하는 데도, 공부에 흥미를 느끼지 못하는 데에는 무슨 문제점이 있는 것일까요?

④ 열악한 환경을 극복하기 위해 하는 공부는 어떤 가치가 있을까요?

(2) 수정 질문

▶ **일상생활에서 올바른 사고방식과 행동 양식을 학습하기는 어렵습니다. 현대사회에서 건전한 상식과 양식을 갖추려면 어찌해야 할까요?**

현대사회가 복잡하고 빠르게 변하다 보니, 어떤 게 올바른 건지 헷갈릴 때가 많다. 일상에서 상식과 양식을 배우기가 쉽지 않다는 말에 공감한다.

우선 가장 중요한 건 '깊이 생각하는 힘'을 기르는 것이다. 무작정 받아들이기보다는 '왜 그럴까?', '다른 관점은 없을까?' 하고 스스로 질문하고 비판적으로 바라보는 연습이 필요하다. 고등학교 철학 교육에서도 자율적, 비판적, 반성적 사고를 함양해서 건전한 상식과 도덕감을 갖춘 민주시민으로 기르려고 한다.

그리고 우리 사회에서 벌어지는 다양한 이슈들, 예를 들면 디지털 시대의 개인정보보호, 기후변화, 다문화 사회 같은 현대사회의 도전 과제에 관심을 가지고 토론해 보는 것도 큰 도움이 된다. 이런 과정에서 현상을 분석하고 해결책을 모색하다 보면 자연스럽게 건전한 상식이 쌓이게 된다.

알고 이해하는 것만으로는 부족하고, 그걸 실제 생활에서 적용하고 실천하는 용기도 필요하다. 지식을 이해하고 실천해서 건강한 생활 태도와 능력을 기르는 것처럼 그러하다. 작은 실천들이 모여 건강한 태도와 능력을 만들어 줄 것이다.

결국 상식과 양식은 한 번에 완성되는 게 아니라, 꾸준히 자신을 돌아보고 세상과 소통하면서 만들어지는 것이다. 너무 어렵게 생각하지 말고, 조금씩 조금씩 노력해 가면 된다. 이미 이런 고민을 한다는 것 자체가 아주 건전한 사고방식을 가진 사람임을 보여 주는 것이다.

4) 제4장 독서(讀書): 의문이 남지 않도록 한다

책을 읽을 때는 반드시 하나의 책을 읽어서 제대로 의미를 깨닫고 뜻과 취지를 알아 의문이 남지 않은 다음에야 다른 책으로 바꾸어 읽는다. 많이 읽고자 욕심내거나 얻는 데 빠져 바쁘게 다그치듯 책을 읽어서는 안 된다.

(凡讀書 必熟讀一冊 盡曉義趣 貫通無疑然後 乃改讀他書 不可貪多務得 忙迫涉獵也.)

(1) 이전 질문

① 바람직한 인간이 되기 위한 필수 조건은 무엇이라고 생각하나요?

② 창의적인 사고를 위해 필요한 학습법으로는 어떤 것이 있을까요?

(2) 수정 질문

▶ 공부를 할 때 어느 한 분야를 완전히 끝낸 후에 다른 분야로 넘어가는 게 좋을까요? 아니면 여러 분야를 두루 동시에 공부해가는 게 좋을까요?

공부 방법에 대한 질문은 정말 많은 학생들이 고민하는 부분이다. 어느 한쪽이 무조건 맞다고 할 수는 없을 것 같다. 사람마다 학습 스타일이나 과목의 특성, 그리고 무엇보다 '집중력'에 따라 결과가 많이 달라질 수 있기 때문이다. 먼저, 한 분야를 완전히 끝내고 넘어가는 방식은 장점이 명확하다. 한 과목에만 집중할 수 있기 때문에 몰입도가 높아지고, 그 결과 해당 과목에 대한 깊은 이해를 얻기 좋다. 또한 한 과목을 마쳤을 때 느끼는 성취감이 다음 과목으로 넘어갈 수 있는 힘이 되어 학습을 지속하는 데 도움을 준다.

그런데 단점도 분명하다. 너무 한 과목만 오래 붙들고 있으면 쉽게 지루해지거나 지칠 수 있고, 이전에 공부했던 내용들을 잊어버리게 될 위험도 커진다. 반면에 여러 분야를 동시에 두루 공부해가는 방식, 즉 분산 학습은 이런 면에서 유리할 수 있다. 과목을 번갈아 가며 공부하면 지루함을 덜 느끼게 되고 학습에 환기 효과를 줄 수 있으며, 분산 학습이 장기적인 기억력 유지에 더 효과적이라는 연구 결과도 많다. 이는 뇌가 계속 새로운 정보로 자극을 받으면서 자연스럽게 복습 효과를 얻게 되기 때문이다. 더 나아가 여러 과목을 동시에 공부하는 과정에서 뜻밖의 연결고리를 발견하며, 보다 넓은 시야로 사고할 수 있는 계기를 얻을 수도 있다.

하지만 이 방식의 단점은 '정신없다'고 느낄 수 있다는 것이다. 여러 과목을 왔다 갔다 하다 보면 깊이 있는 학습이 어렵고, 자칫하면 이도 저도 아니게 될 수도 있다. 결국 가장 중요한 건 '어떻게 집중력을 유지할 것인가'인 것 같다. 집중력이 떨어진다면 어떤 방식을 선택하든 학습 성과가 떨어질 수밖에 없다. 따라서 처음에는 최대한 이해하고 시간 낭비가 없는 선에서 선택하는 게 중요하다.

한번 집중하면 쭉 몰입하는 스타일이고, 지루함을 잘 안 타면 한 과목씩 끝내는 것도 좋은 방법이 될 수 있다. 반대로 쉽게 지루해하거나, 여러 과목을 동시에 보면서 학습 효율이 더 높다고 느끼면 여러 과목을 병행하는 게 더 효과적일 것이다. 그리고 너무 극단적으로 한 가지만 고집하기보다는, 시험 기간이나 중요한 내용은 한 과목에 집중하고 평소에는 여러 과목을 두루 보는 식으로 유연하게 섞는 것도 좋은 방법일 수 있겠다. 중요한 것은 자신에게 맞는 최적의 방법을 찾는 것이다. 그러기 위해 여러 시도를 해 보는 것도 나쁘지 않다.

5) 제5장 사친(事親): 자기 마음대로 하지 않는다

무릇 부모를 모시는 사람은 한 가지 일이나 행동이라도 자기 마음대로 하지 않고 부모의 허락을 받은 뒤에 행한다.

해야 하는 일인데도 부모가 허락하지 않으면 자세히 설명하고 인정을 받아 행한다. 끝내 허락하지 않더라도 곧바로 자기 마음대로 하지 않도록 한다.

(凡事父母者 一事一行 毋敢自專 必稟命而後行 若事之可爲者 父母不許 則必委曲陳達 頷可而後行 若終不許 則亦不可直遂其情也.)

(1) 이전 질문

① 전통적인 효도 방법에 대해 살펴보고, 장점과 단점에 대해 토론하세요.
② 오늘날 효도 방법은 과거와 사뭇 다릅니다. 달라진 효도에 대해 구체적인 예를 들어 설명해 보세요.

(2) 수정 질문

▶ 현대사회에서 부모에 대한 자녀의 도덕적 의무와 자녀에 대한 부모의 도덕적 의무 중에서 어느 쪽이 더 중요한가요?

어느 쪽이 '더 중요하다'고 딱 잘라 말하기가 어렵고, 답을 내려면 엄청 깊이 파고들어야 할 것 같다. 개인의 가치관, 시대적 배경, 사회 구조 등등 여러 요소를 다 고려해야 하기 때문이다.

전통적인 사회에서는 유교적 가치관이 강해서 자녀가 부모에게 하는 도덕적 의무, 즉 효도가 매우 강조되었다. 부모를 봉양하고 순종하는 게 자녀의 가장 중요한 도리라고 여겨졌었다. '효도 책임'이나 '가족중심주의' 같은 관점에서는 자녀의 부모에 대한 의무가 크게 부각됐을 것이다.

그런데 현대사회에서는 좀 달라진 것 같다. '정상 가족' 개념이나 '가족 해체', '다양한 가족 형태' 같은 이야기도 여기서 맥락을 같이한다. 현대사회는 개인의 자유와 존엄성을 더 중요하게 여기고, 자녀를 독립적인 인격체로 존중해야 한다는 인식이 강해졌다. 그래서 부모가 자녀에게 마땅히 제공해야 할 도덕적 의무, 즉 보살핌, 교육, 정서적 지지, 안전한 환경 제공 등이 훨씬 강조되고 있다. 아이의 건강한 성장을 위해 부모의 역할이 너무나 중요하다고 보는 것이다.

이런 맥락에서 보면, 아이는 스스로를 책임질 능력이 부족하기 때문에 부모의 돌봄과 양육은 생존과 직결된 문제고, 인간다운 삶을 영위하기 위한 기본적인 권리라고 볼 수 있다. 자녀가 부모에게 도덕적 의무를 다하는 것은 주로 '감사'나 '사랑'에서 비롯되는 자발적인 마음에서 나오는 것이어야 한다고 생각하는 사람도 많다. 즉, 부모의 무조건적인 사랑과 헌신이 있었기에 자녀도 후에 부모에게 마음으로 보답할 수 있다는 것이다.

물론, 나이가 들고 의지할 곳이 없을 때 부모에게 자녀가 도의적인 책임을 다하는 것도 여전히 중요하다고 생각하지만, 이걸 '의무'로 강제하거나 어느 한쪽이 '더 중요하다'고 비교하는 것은 지금 시대에는 좀 맞지 않는 방식이 아닐까 싶다.

한마디로 어느 한쪽이 더 중요하다고 말하기보다는, 부모와 자녀 관계는 상호 존중과 사랑을 바탕으로 한 '주고받음'이 가장 중요하다. 부모는 자녀에게 기본적인 돌봄과 사랑을 제공하고, 자녀는 부모로부터 받은 사랑과 돌봄에 대한 감사

함을 바탕으로 정서적 지지나 실제적인 도움을 드리는 것이다.
가족 체계 안에서 서로 균형을 이루려는 '항상성'을 가지도록
힘써야 할 것이다.

6) 제6장 상제(喪制): 마지막 큰 도리를 다한다

무릇 부모를 모시는 사람은 한 가지 일이나 행동이라도
자기 마음대로 하지 않고 부모의 허락을 받은 뒤에 행한다.
해야 하는 일인데도 부모가 허락하지 않으면 자세히 설명하고
인정을 받아 행한다. 끝내 허락하지 않더라도 곧바로 자기
마음대로 하지 않도록 한다.
(凡事父母者 一事一行 毋敢自專 必稟命而後行 若事之可
爲者 父母不許 則必委曲陳達 頷可而後行 若終不許 則亦不
可直遂其情也.)

(1) 이전 질문

① 과거의 장례 문화와 오늘날의 장례 문화를 비교해 보세요.
② 웰빙과 웰다잉에 대해 토론하고, 웰빙과 웰다잉을 위한
   자신만의 방법을 구체적인 예를 들어 설명해 보세요.

(2) 수정 질문

▶ 부모나 조부모의 죽음은 가족 구성원 모두에게 엄청난
   슬픔을 느끼게 합니다. 어떤 장례 절차가 현대사회에
   가장 적합할까요?

부모님이나 조부모님의 죽음은 정말이지…… 생각만 해도 가슴이 저미고 온 가족이 헤아릴 수 없는 슬픔에 잠기게 한다. 이런 엄청난 슬픔 속에서 어떤 장례 절차가 가장 적합할까 하는 고민은 정말 중요한 질문이다.

현대사회에서는 과거의 장례 문화와는 많이 달라지고 있다. 예전처럼 무조건 전통적인 방식만을 고집하기보다는, 고인과 남은 가족들의 뜻을 존중하면서 개성 있고 의미 있는 방향으로 많이 변하고 있다. 몇 가지 주요 흐름을 살펴보면, 먼저 장례는 점점 간소화되고 개인화되는 경향을 보인다. 과거에는 복잡하고 엄격한 절차가 강조되었지만, 요즘에는 전통적인 상례의 본질은 유지하되 형식은 간소화하고, 고인의 삶과 가치관을 반영한 개인적인 장례식을 선호하는 경우가 늘고 있다. '우리나라 장례 문화가 너무 소모적이다'라고 느끼는 인식이 확산되면서, 외형보다는 의미에 더 집중하려는 흐름으로 이해할 수 있다.

또 하나의 변화는 웰다잉(Well-dying) 문화의 확산이다. 삶의 방식과 선택에 대한 관심이 커진 것처럼, 죽음 역시 미리 준비하고 스스로 마지막을 설계하려는 움직임이 중요해지고 있다. 사전연명의료의향서를 작성하거나 유언장을 준비하는 사례가 대표적인데, 이렇게 미리 뜻을 밝혀 두면 남은 가족들이 고인의 의사를 따를 수 있어 슬픔 속에서도 작은 위안을 얻을 수 있다. 더불어 환경 문제에 대한 관심이 높아지면서 친환경 장례와 자연장도 주목받고 있다. 화장 후 수목장이나 잔디장처럼 자연으로 돌아가는 방식을 택함으로써, 고인의 죽음을 자연의 일부로 받아들이고 의미를 찾으려는 시도라고 볼 수 있다. 여기에 더해 디지털 기술의 발달로 온라인 추모관을 만들거나 고인의 사진과 영상을 디지털로 보존해 추모하는 방식도 등장했다. 물리적으로 떨어져 있어도 언제든 고인을 기억하고 애도할 수 있다는 점에서 현대적인 추모 방식이라 할 수 있다.

결론적으로, '가장 적합한' 장례 절차는 정해져 있는 게 아니라, 고인의 생전 뜻과 남은 가족들이 어떤 방식으로 슬픔을 극복하고 고인을 추모하고 싶은지에 달려 있는 것 같다. 중요한 건 형식보다는 고인을 기리고 애도하는 마음, 그리고 남은 가족들이 서로 위로하며 새롭게 삶을 이어 갈 수 있는 의미를 찾는 것이다.

7) 제7장 제례(祭禮): 사랑하고 공경하는 데 마음을 다한다

무릇 제사를 지내는 일은 사랑하고 공경하는 마음을 다하는 것이 중요하다. 가정 사정이 어려우면 형편에 맞춰 지내고, 우환이 있으면 감당할 수 있는 정도를 헤아려 치르되, 재물과 능력이 가능하다면 예법을 따르는 것이 마땅하다.

(凡祭 主於盡愛敬之誠而已 貧則稱家之有無 疾則量筋力而 行之 財力可及者 自當如儀.)

(1) 이전 질문

① 퇴계 이황 종갓집의 설 차례상에는 5가지 음식만 올렸다고 합니다. 제사나 차례의 의미에 대해 이야기해 보세요.

② 전통적인 가족의 범위와 오늘날의 가족의 범위를 비교해 보세요.

③ 요즘도 제사나 차례상 차리는 문제로 가정마다 갈등이
많다고 하는데, 반드시 전통을 따라야 할까요?
④ 전통 유교의 상차림에 대해 알아보세요. 제사를 잘 모시는
방법은 무엇일까요?

(2) 수정 질문

▶ **제사나 차례를 지내는 일은 자기의 문화적 생물학적
뿌리를 되새기는 일과 관련이 있다. 현대사회에서도
이러한 일은 가치가 있을까?**

정말 중요한 질문이다. 제사나 차례가 문화적, 생물학적
뿌리를 되새기는 일이라는 말에 깊이 공감한다. 옛날부터 우리
조상들은 제사를 통해 가족 구성원들이 모여 조상의 덕을
기리고, 공동체의 결속력을 다지는 잠재적 기능을 중요하게
여겼다. 과거에는 후손들이 더 잘 살고 단결하게 하는 역할도
했었다. 현대사회에서도 이런 의식들이 여전히 가치가 있을까?
그 가치를 어떻게 재해석하고 받아들이느냐에 따라 충분히
가치가 있을 수 있다.

물론 요즘은 '제사 없는 명절'을 선호하거나 간소화하는
추세가 강하다. 복잡한 절차나 경제적 부담, 종교적인 이유
(특히 개신교는 제사를 우상숭배로 여기는 경우가 많음) 등으로
변화가 많이 있다. 심지어 천주교도 초기에는 제사를 금지
했지만, 1939년 이후로는 유교의 조상 제사를 시민의식으로
보고 허락하였다. 그만큼 시대와 함께 의식의 해석이 변해 온
것이다. 하지만 이런 변화 속에서도 제사나 차례가 주는

본질적인 의미는 여전히 유효하다.

가족 공동체의 연대감 강화라는 측면에서 제사나 차례는 바쁜 일상 속에서 가족들이 한데 모일 수 있는 드문 기회를 제공한다. 서로의 안부를 묻고 함께 식사하며 이야기를 나누는 시간은 가족주의나 가족 중심주의, 그리고 다양한 가족 형태에 대한 관심이 커진 오늘날, '가족'이라는 울타리의 의미를 되새기게 한다. 꼭 형식적인 제사를 지내지 않더라도 가족이 함께 모여 조상을 기억하는 시간 자체가 이미 큰 의미를 지닌다.

또한 이러한 의례는 정체성 확립과 역사 인식에 기여한다. 자신의 뿌리를 알고 이해하는 과정은 내가 어떤 조상의 후손인지, 어떤 역사를 가진 집안의 일원인지를 깨닫게 하며, 이는 자존감을 높이고 삶의 방향을 설정하는 데에도 영향을 줄 수 있다. 더불어 제사와 차례는 세대 간 소통과 교육의 장이 되기도 한다. 아이들에게 조상과 가족의 역사를 들려주고 전통문화를 접하게 하며, 할머니·할아버지 세대가 손주들에게 옛이야기와 지혜를 나누는 시간이 될 수 있다.

결국 핵심은 '형식'보다는 '의미'를 찾는 데 있는 것 같다. 굳이 복잡한 제사상을 차리지 않더라도, 가족들이 함께 모여 고인의 좋은 추억을 나누고, 그분들이 우리에게 남긴 가르침을 되새기는 것만으로도 충분히 의미 있는 현대식 추모가 될 수 있을 것이다. 각자의 방식으로 문화적 뿌리를 기억하고, 가족이라는 울타리 안에서 연대감을 느끼는 것이 중요하다.

8) 제8장 거가(居家): 온 마음을 담아 진실하게 설득한다

형제와 자매가 좋지 못한 행실을 저지르면, 온 마음을 담아

진실하게 설득하여, 점차 도리를 깨닫고 이해하기를 기약해야
한다. 갑자기 화난 얼굴을 하고 거슬리는 말을 하여 형제
자매간의 화합을 잃어서는 안 된다.
 (兄弟 若有不善之行 則當積誠忠諫 漸喩以理 期於感悟 不
可遽加厲色拂言 以失其和也.)

(1) 이전 질문

① 과거에는 결혼을 하면 대체로 경제권을 남편이 갖거나
   아니면 부인이 갖는 등 어느 한쪽이 관리하였습니다.
   오늘날 부부 중 누가 경제권을 가져야 하는지 이야기해
   보세요.
② 성인이 된 자녀의 수입을 부모가 관리하거나 세뱃돈 등
   미성년자의 용돈을 부모가 관리하는 것에 대해 여러분은
   어떤 생각을 갖고 있나요?
③ 여러분은 'gender equality'에 대해 어떻게 생각하나요?

(2) 수정 질문

▶ 공적의 이익과 사적인 이익을 조화시키는 일은 쉽지가
   않습니다. 가족생활이나 직장 생활 중 어느 한쪽을 고수
   해야 합니까? 가정생활과 직장 생활이 충돌할 때 어떻게
   해야 할까요?

공적인 이익과 사적인 이익, 그리고 가정과 직장 사이의
균형 문제는 정말 많은 사람들이 고민하는 지점인 것 같다.

'사회적 책임감의 노예가 되는 것과 개인의 일에만 매달리는 것 사이의 균형을 찾는 것이 쉽지 않다'는 것도 이와 같은 맥락이다.

어느 한쪽만 고수하라고 단정하는 건 현실적이지도 않고 바람직하지도 않다. 우리는 사회 안에서 살아가는 개인이면서 동시에 가족의 구성원이다. 이 두 가지 역할 모두가 우리의 삶을 구성하는 중요한 부분이고, 둘 다 소홀히 할 수 없다.

오히려 직장 갈등이 가정으로 번지는 경우도 많고, 반대로 가정 문제가 직장에 영향을 주기도 한다. 두 가지 측면은 떼려야 뗄 수 없는 관계인 경우가 많다. 그렇다면 이런 충돌이 생길 때 어떻게 해야 할까?

가장 먼저 필요한 것은 우선순위를 설정하고 이를 조율하는 지혜다. 정해진 답은 없지만, 장기적인 관점에서 나 자신과 가족의 행복, 그리고 지속 가능한 직업 생활을 위해 무엇이 더 중요한지 깊이 고민해 볼 필요가 있다. 자녀의 중요한 발표회나 부모님의 건강 문제처럼 당장의 돌봄이 필요한 순간에는 가정에 더 집중하고 직장에 양해를 구하는 선택이 필요할 수 있고, 반대로 직장에서 중요한 프로젝트가 있을 때는 가족에게 상황을 설명하고 잠시 이해를 구하며 집중해야 하는 경우도 있을 것이다.

이와 함께 경계를 명확히 설정하는 태도도 중요하다. 직장에 있을 때는 업무에 집중하고, 집에 있을 때는 가능한 한 가족에게 온전히 집중하려는 노력이 가정과 직장 사이의 갈등을 줄이는 데 도움이 된다. 직장 일을 집까지 끌고 오지 않으려 하고, 반대로 가정의 문제를 직장에서 그대로 드러내지 않으려는 의식적인 선택이 필요하다. 물론 완벽하게 지키기는 어렵지만, 이러한 방향성을 염두에 두는 것만으로도 균형에 한 걸음 더 가까워질 수 있다. 이 과정에서 가족과 직장 모두에게 자신의 상황을 솔직하게 이야기하고 서로의 기대를 조율하는 소통 역시 빼놓을 수 없다.

또한 자기 돌봄과 스트레스 관리에 대한 관심도 필수적이다. 개인의 삶이 건강해야 공적인 역할도, 가정에서의 역할도 제대로 수행할 수 있기 때문이다. 스트레스가 쌓이지 않도록 운동이나 취미 생활 등을 통해 스스로를 돌보고 회복하는 시간을 마련하는 것은 사치가 아니라 필요에 가깝다. 여기에 더해 정부나 사회가 제공하는 일-가정 양립 제도를 잘 알아보고 적극적으로 활용하는 것도 현실적인 도움이 된다. 육아 휴직이나 유연근무와 같은 제도는 부담을 줄이고 삶의 균형을 지키는 데 유용한 선택지가 될 수 있다.

결론적으로, 어느 한쪽만 고수하는 것보다는 끊임없이 직장과 가정 사이의 '균형점'을 찾아가고, 각자의 상황에 맞게 유연하게 대처하는 지혜가 가장 중요하다.

9) 제9장 접인(接人): 은혜를 베풀고 도움을 준다

항상 온화하고 공손하며 자애로운 태도로 다른 사람에게 은혜를 베풀고 남의 일을 도우려는 마음을 지녀야 한다. 다른 사람을 해치고 남의 일을 그르치려는 마음은 털끝만큼도 가져서는 안 된다. 흔히들 사람은 자기 이로움을 위해 다른 사람과 남의 일을 해치므로, 배우는 사람은 이로움에 거리를 두어야 사랑을 배울 수 있다.

(常以溫恭慈愛 惠人濟物爲心 若其侵人害物之事 則一毫不 可留於心曲 凡人 欲利於己 必至侵害人物 故學者先絶利心

然後 可以學仁矣.)

(1) 이전 질문

① 힘들 때 나를 위로해 주는 글귀가 있다면 이유와 함께 소개해 주세요.
② 진심으로 자신을 사랑하고 아껴 주는 사람에 대해 소개해 주세요.
③ 가장 가깝다고 생각하는 사람에게서 서운함을 느꼈던 적이 있나요? 어떤 부분에서 그렇게 느꼈나요?
④ 『목민심서』의 명언 중에서 반론을 제기할 부분이 있다면 소개해 주세요.

(2) 수정 질문

▶ **사회생활을 하면서 어려운 일 중의 하나는 친한 사람을 대하는 경우와 낯선 사람을 대하는 경우에 공정함을 유지하기가 힘들다는 점입니다. 기본적으로 우리는 어떤 마음가짐을 가져야 할까요?**

정말 공감 가는 이야기이다. 사회생활을 하다 보면 친한 사람과 낯선 사람을 대할 때 똑같이 공정하기가 쉽지 않다. 이게 바로 사람 마음이기도 하고, 여러 관계 속에서 나타나는 자연스러운 현상일 수도 있다. 하지만 동시에 우리가 '올바른 사고방식'과 '건전한 상식과 양식'을 갖추려는 노력 속에서 늘 부딪히는 과제이기도 하다. 기본적으로 어떤 마음가짐을 가져야 할지 고민한다면, 몇 가지 중요한 포인트가 있다.

무엇보다 중요한 것은 '역지사지'의 자세, 즉 입장을 바꿔 생각해 보려는 노력이다. 친한 사람에게는 '이해'라는 이름으로 너그러워지고, 낯선 사람에게는 '원칙'이라는 이름으로 엄격해지기 쉬운 순간마다 잠시 멈춰 서서 "만약 이 사람이 내 친한 사람이라면?", 혹은 "내가 이 낯선 사람의 입장이라면?" 하고 스스로에게 묻는 태도가 필요하다. 다른 사람의 감정을 헤아리고 무엇이 옳은 판단인지 숙고하는 과정은 공정한 행동으로 나아가기 위한 중요한 단계가 된다.

또한 공정함의 기준이 되는 '원칙'과 불가피한 '예외'를 명확히 구분하려는 태도가 요구된다. 원칙은 누구에게나 동일하게 적용되어야 한다는 인식을 기본으로 삼되, 현실에서 예외가 발생할 경우에는 그것이 예외적인 상황임을 스스로 분명히 인지하고, 그 선택이 다른 사람들에게 미칠 영향까지 고려하며 책임질 수 있는 범위 안에서 행동하려는 자세가 중요하다.

아울러 감정과 판단을 분리하려는 노력도 필요하다. 친한 사람에게는 감정이입이 쉬워지고, 낯선 사람에게는 상대적으로 차갑고 이성적인 판단을 하게 되지만, 공정한 판단을 위해서는 가능한 한 사실과 원칙에 기반해 상황을 객관적으로 바라보려는 태도가 요구된다. 만약 이런 객관성을 유지하기 어렵다면, 판단을 잠시 미루고 다른 사람의 의견을 들어보는 것도 하나의 방법이 될 수 있다.

여기에 더해 사회적 책임감에 대한 인식도 중요하다. 우리는 사회 속에서 살아가는 존재이며, 개인적인 관계 속에서의 선택이 주변 사람들뿐 아니라 사회 전체에 영향을 미칠 수 있다는 점을 잊지 않을 때, 특정 관계에만 매몰되지 않고 더 넓은 시야에서 공정함을 유지하려는 태도를 가질 수 있다.

마지막으로 이러한 마음가짐은 한 번에 완성되지 않기에 꾸준한 자기 성찰이 필요하다. "나는 지금 공정하게 행동하고 있는가?", "내 판단이 특정 관계에 치우쳐 있지는 않은가?"와 같은 질문을 스스로에게 던지며 자신을 돌아보는 과정이 반복될 때, 비로소 공정함에 조금씩 가까워질 수 있다.

현실적으로 완벽하게 공정함을 유지하는 건 거의 불가능할 수도 있다. 우리는 감정을 가진 인간이니까 그러하다. 하지만 중요한 건 완벽이 아니라, 그 공정함을 유지하려고 계속 노력하는 마음가짐 자체이다. 그 노력이 쌓여서 더 성숙하고 현명한 삶을 만들어 갈 수 있을 것이다.

10) 제10장 처세(處世): 처음 세운 뜻을 잃지 않는다

지금 공부하는 사람은 흔히들 부모의 희망과 가문의 영광을 위해 시험공부에 힘쓰지 않을 수 없지만, 또한 마땅히 자기의 기량을 닦고 때를 기다리며 하늘에 성패를 맡겨야 한다. 성공하고자 하는 욕심과 성급함에 빠져 자신이 처음 세운 뜻을 버리지 않아야 한다.

(第今爲士者 多爲父母之望 門戶之計 不免做科業 亦當利 其器 俟其時 得失 付之天命 不可貪躁熱中 以喪其志也.)

(1) 이전 질문

① '일·가족관계·여가 생활' 중에서 어떤 것을 가장 우선순

위에 두며, 그 이유는 무엇인가?

② '허슬(hustle)', '워라밸', '콰이어트 퀴팅(Quiet quitting)', '욜로(YOLO)', '파이어(FIRE)', '무지출 챌린지'는 자신에게 어떤 의미이며, 그 이유는 무엇인가?

(2) 수정 질문

▶ **시대와 사회는 계속 변합니다. 기성세대가 물려준 전통 보다 젊은 세대가 만들어 가는 새로운 전통이 더 중요 할까요?**

'기성세대가 물려준 전통'과 '젊은 세대가 만들어 가는 새로운 전통', 어느 쪽이 더 중요할까? 이러한 질문은 마치 과거와 미래 중에서 무엇을 더 우선해야 할까 묻는 것 같기도 하다. 내 생각에 이건 어느 한쪽이 '더 중요'하다고 딱 잘라 말할 수 있는 문제는 아닌 것 같다. 둘은 서로 다른 역할을 하고, 서로에게 영향을 주면서 문화라는 큰 흐름을 만들어 간다고 보는 게 맞지 않을까? 먼저, 기성세대가 물려준 전통은 정말 소중한 우리의 뿌리이다.

이 전통들은 오랜 시간 동안 우리 사회를 지탱해 온 가치관, 지혜, 그리고 공동체의 정신을 담고 있다. '문화적 생물학적 뿌리를 되새기는 일'과도 같은 맥락이다. 과거를 알고 이해해야 우리가 지금 어디에 서 있는지, 그리고 어디로 가야 할지 알 수 있는 기준점이 된다. 마치 지도가 있어야 길을 찾을 수 있는 것처럼 그러하다. 조용필 씨가 과거와 현재, 미래를 아우르는 음악을 하는 것처럼, 전통은 시대의 강물 속에서 우리를 붙잡아 주는 닻 역할을 한다고 볼 수 있다.

하지만, 시대와 사회는 끊임없이 변한다. 그래서 젊은 세대가 만들어 가는 새로운 전통도 그만큼 중요할 수밖에 없다. 새로운 전통은 빠르게 변화하는 현대사회의 요구와 새로운 가치관, 기술 등을 반영하면서 생겨난다. 이것은 시대의 흐름에 맞춰 문화가 숨 쉬고 진화하는 과정이라고 봐야 한다.

어떤 전통이든 처음부터 '전통'이었던 건 없었을 것이다. 그 시대의 사람들이 필요에 의해 만들고 지켜 오면서 시간이 흘러 전통이 된 것이다. 예를 들어 '히피 문화'나 '뉴에이지 운동'도 당대의 젊은 세대들이 기존의 가치에 저항하며 새로운 문화를 만들어 냈다. 이런 젊은 세대의 역동적인 에너지가 결국 문화를 다음 단계로 이끌어 가는 원동력이 되는 것이다. '정상 가족' 개념이 현대사회의 다양한 가족 형태를 다 포용하지 못하는 것처럼, 옛것만 고수하다가는 시대에 뒤떨어지거나 갈등을 야기할 수도 있다.

그러므로 어느 한쪽이 다른 쪽보다 '더' 중요하다고 볼 수는 없다. 오히려 이 양쪽 모두가 어떻게 조화롭게 공존하고 발전해 나가는가가 가장 중요하다. 전통을 무조건적으로 답습하는 것도 문제지만, 과거를 부정하고 새로운 것만 좇는 것도 위험할 수 있다.

옛것의 좋은 점을 보존하면서도, 새로운 시대의 흐름과 젊은 세대의 요구를 수용하고, 그것을 또 다른 새로운 전통으로 승화시키는 '지혜'와 '유연성'이 현대사회에 가장 필요한 가치일 것이다.

▶ 영화 〈기생충〉의 줄거리와 이 영화의 문제의식은 어떤 것인가요?

봉준호 감독의 영화 〈기생충〉에 대한 질문이다. 이 영화는 정말 깊은 생각을 하게 만드는 작품이다.

☞ 영화 〈기생충〉의 줄거리

영화는 서울의 반지하에 사는 가난한 김 가족(아버지 기택, 어머니 충숙, 아들 기우, 딸 기정)을 중심으로 이야기가 시작된다. 이들은 모두 백수이지만 각자 뛰어난 잔머리와 기술을 가지고 있다.

어느 날, 기우는 명문대생 친구의 도움으로 부유한 박 사장 댁의 딸 다혜의 영어 과외 선생으로 들어가게 된다. 기우는 이 기회를 이용해 온 가족을 박 사장 댁에 침투시키려는 계획을 세운다. 가장 먼저 딸 기정은 미술 심리 치료 교사로 위장하여 박 사장 댁 아들 다송의 교사로 취직한다. 이어서 운전기사와 가정부를 모략으로 해고시키고, 아버지 기택과 어머니 충숙까지 각각 새로운 운전기사와 가정부로 위장하여 박 사장 댁에 취직하는 데 성공한다. 이렇게 김 가족 네 명 모두가 박 사장 댁에 '취업'하여 신분 상승의 꿈에 부풀어 오른다.

박 사장 가족이 캠핑을 떠나 비어 있는 집에서 김 가족이 한껏 호화로운 생활을 즐기던 중, 이전 가정부였던 문광이 갑자기 찾아온다. 문광은 자기 남편이 오래전부터 박 사장 댁 지하 벙커에 숨어 살고 있다는 충격적인 비밀을 밝힌다. 김 가족은 이 비밀을 알게 되고, 문광 부부와 갈등을 겪는 와중에 박 사장 가족이 예기치 않게 캠핑에서 돌아오게 되면서 상황은

걷잡을 수 없게 된다.

숨 막히는 긴장 끝에 김 가족은 간신히 박 사장 가족에게 들키지 않고 집을 빠져나오지만, 이미 그들의 운명은 비극으로 향하고 있었다. 마지막에는 박 사장 댁 막내아들의 생일 파티에서 얽히고설킨 비밀이 터져 나오면서 돌이킬 수 없는 비극적인 결말을 맞게 된다. 결국 김 가족은 박 사장 가족의 저택을 떠나 시궁창 같은 현실로 돌아갈 수밖에 없게 된다.

☞ 영화 〈기생충〉의 문제의식

이 영화의 가장 큰 문제의식은 현대 자본주의 사회의 계층 간 불평등과 그로 인해 발생하는 인간의 욕망, 절망, 그리고 넘을 수 없는 '선'을 통렬하게 보여 준다는 점이다. 박 사장 가족은 풍요롭고 깨끗한 삶을 살아가지만, 김 가족의 반지하 집과 몸에서 나는 '냄새'에 대해 무심코 불쾌감을 드러낸다. 이 '냄새'는 단순한 물리적 현상이 아니라 계층 간에 존재하는 보이지 않는 장벽, 곧 넘을 수 없는 '선'을 상징한다. 박 사장은 그 선만 넘지 않으면 자신이 착한 사람이라고 믿지만, 아이러니하게도 바로 그 선이 결국 돌이킬 수 없는 비극을 촉발하는 원인이 된다.

영화는 이러한 관계를 가상현실과 NPC[22]라는 비유로도 읽히게 한다. 부유한 박 사장 역시 현실을 있는 그대로 마주하기보다는 일종의 '가상현실' 속에 머물러 있으며, 김 가족을 온전한 인간으로 대하기보다 마치 언제든 교체 가능한 게임 속 NPC처럼 대하는 태도를 보인다. 동시에 김 가족 역시 박

---

22) NPC(Non-Player Characte), 플레이어(사용자)가 직접 조작하지 않는 캐릭터로 게임, 가상세계가 움직이는 '주변 인물'을 뜻한다.

사장 댁에 침투하는 과정에서 욕망에 이끌려 또 다른 형태의 가상현실에 빠져들었다고 해석할 수 있다. 서로 다른 위치에 있지만, 각자 자신의 세계 안에서 타인을 도구화한다는 점에서 두 가족은 묘하게 닮아 있다.

이러한 설정을 통해 〈기생충〉은 자본주의 사회의 민낯을 날것 그대로 드러내고, 그 안에서 인간의 본능적인 욕망과 절망이 어떻게 충돌하는지를 강렬하게 보여 준다. 영화는 단순한 오락을 넘어 사회의 부조리와 인간 본성에 대한 깊이 있는 질문을 던지며, 관객으로 하여금 자신의 위치와 사회 구조를 돌아보게 만든다. 그 메시지의 강렬함 때문에 이 작품은 자본주의 정책의 진보성을 비판하는 영화인지, 혹은 현실을 냉정하게 묘사하는 데 그친 영화인지에 대해 다양한 해석을 낳아 왔다.

이 영화를 보면 우리 사회의 그림자가 너무나도 잘 보여서 마음이 참 복잡해지는 것 같다. 학습 자료로서 영화 〈기생충〉이 가치 있다는 생각을 하였다.

▶ **'캥거루족'의 실태는 어떠한가요? 전체 세대에서 캥거루 족이 차지하는 비중은 어느 정도인가요?**

'캥거루 자녀'에 대한 질문이다. 우리 사회에서 점점 늘어나고 있는 현실적인 문제이기도 하다.

☞ **'캥거루 자녀' 가족의 실태**

'캥거루 자녀' 또는 '캥거루족'이라고 하면, 성인이 되었지만 독립하지 않고 부모에게 경제적으로나 주거적으로 의존해서 함께 살고 있는 자녀들을 뜻한다. 예전에는 대학생 정도의 자녀들이 많았다면, 요즘은 30대 중반, 심지어 35세가 되어서도 독립하지 못하고 부모님에게 얹혀사는 경우가 많다는 보도도 있다.

주로 20대와 30대가 독립하지 못하는 가장 큰 이유는 취업난이나 높은 주거비 등 경제적인 어려움 때문으로 분석된다. 독립하고 싶어도 현실적으로 여건이 따라 주지 않는 경우가 많다는 것이다. 이런 상황은 자녀들뿐만 아니라, 독립 시기가 늦어지는 자녀들을 계속 부양해야 하는 50대, 60대 부모님들의 노후에도 영향을 미칠 수 있다는 우려도 있다.

☞ 전체 세대에서 차지하는 비중

이런 '캥거루족'이 전체 세대에서 차지하는 비중은 상당히 높은 편이다. 최근 조사에 따르면, 성인 자녀 10명 중 4명 정도가 부모님과 함께 살고 있다고 한다. 연령대별로 좀 더 구체적으로 보면 다음과 같다.

- 20~24세 캥거루족은 90.3%
- 25~29세 캥거루족은 64.2%
- 30~34세 캥거루족은 30.6%

특히 남성의 경우, 연령이 높아지면서 취업자가 대부분을 차지하더라도 여전히 부모님에게 의존하는 비중이 크다는 분석도 있다. 이렇게 높은 비중은 과거와는 확연히 다른 가족 형태를 보여 주고, 앞으로도 경제적, 사회적 요인에 따라 이런 현상이 지속될 가능성이 커 보인다.

▶ 일인가구가 우리나라에 얼마나 되나요? 앞으로의 전망은
어떠한가요?

우리나라 1인 가구는 계속해서 늘고 있고, 앞으로도 그럴
전망이다. 2025년 통계로도 1인 가구의 증가 추세는 뚜렷하게
나타나고 있다. 특히 2050년이 되면 '고령자 1인 가구'가
전체 1인 가구의 절반에 달할 것이라는 예측도 있다. 2052년
까지 고령 가구와 1인 가구가 계속 증가할 것으로 보고 있다.
이런 변화 때문에 여러 현상들이 나타나고 있는데, 예를 들면
1인 가구의 외로움을 해소하려는 '외로움 경제' 같은 새로운
산업도 성장하고 있다. 역할 대행 서비스나 반려동물 산업,
OTT[23] 시장 같은 것들이 여기에 포함된다. 또, 정부 정책적
으로도 1인 가구, 특히 고령층의 복지 사각지대를 줄이기 위
해 '부양의무자' 기준을 단계적으로 폐지하고 있기도 하다.
1인 가구가 많아진다는 건 사회 구성의 큰 변화를 의미한다.
앞으로 우리 사회가 어떻게 이 변화에 발맞춰 나갈지 함께
지켜봐야 할 것이다. '패러사이트 싱글'에 관해 주목하고 있다.
패러사이트 싱글을 '기생적 싱글'로 번역하기도 한다. '부모와
동거하는 비혼의 싱글'을 가리킨다.
고령층의 돌봄도 사회문제이지만 싱글 시대에 젊은 층의
돌봄도 또 다른 사회문제이다. 서로를 필요로 하고 소중히
대해주는 가족 고유의 기능이 변질되었다고 본다. 자칫 서로에게

---

23) OTT(Over-The-Top): 케이블TV·위성·IPTV 같은 "전통 유통망"
  을 거치지 않고, 인터넷을 통해 영상 콘텐츠를 직접 제공하는 서
  비스로 사용자에게 바로 닿는다는 이미지에서 나온 표현이다. 예
  시: 넷플릭스, 디즈니+, 티빙, 웨이브, 쿠팡플레이 등

기생하는 일이 벌어진 것이다.

▶ **결혼이 필수로 간주되던 시대에는 마음만 먹으면 비교적 힘들이지 않고 결혼할 수 있었습니다. 이제는 원한다고 해서 손쉽게 결혼 제도 속으로 편입하는 일이 불가능해진 시대인데요. 이런 21세기의 결혼관에 대해 율곡 선생님에게 묻는다면 어떤 조언을 해 주실까요?**

결혼이 필수가 아니게 된 시대에, 율곡 선생님이 계셨다면 어떤 말씀을 해 주셨을지 상상해 보는 것은 흥미롭다. 율곡 선생님은 개인의 수양과 사회적 책임을 늘 강조하셨다. 21세기에도 그 근본 철학은 변하지 않았을 것이다. 아마도 다음과 같이 조언해주지 않을까?

· **'입지(立志)'와 '경(敬)'의 정신으로 자신을 바로 세워라:** 결혼을 한다, 안 한다는 선택 이전에, 먼저 자신의 삶의 목적을 확고히 하고(입지), 어떤 상황에서도 마음을 흐트러트리지 않는 경건한 태도(경)로 자신을 갈고닦는 것이 중요하다고 말씀하실 것 같다. 결혼은 그다음에 자연스럽게 따라오는 과정일 수 있고, 설령 결혼을 하지 않더라도 온전한 한 사람으로 살아가는 데 필요한 덕목이기 때문이다.
· **맹목적인 '결혼 제도'보다 '진정한 관계'를 탐구하라:** 선생님은 형식적인 것에 얽매이기보다는 실질적인 가치를 중요하게 여기셨을 것이다. '결혼'이라는 틀 안에 갇히기보다, 서로를 존중하고 아끼며 함께 성장할 수 있는 '진정한 관계'가 무엇인지 깊이 성찰하라고 하셨을 것 같다.

시대가 변하며 가족의 형태도 다양해진 만큼, 고정된 틀
보다는 사람과 사람 사이의 본질적인 연결을 보라고
하셨을 것이다.

- **반성(反省)을 통해 자신의 내면을 들여다봐라**: '나'는 어떤
  사람인지, '결혼'을 통해 무엇을 얻고 싶은지, 어떤 배우자와
  어떤 삶을 함께 꾸려 나가고 싶은지 끊임없이 반성하고
  고민하라고 하셨을 것이다. 섣부른 판단보다는 깊은 자기
  이해가 행복한 삶의 기반이라고 강조하셨을 것이다.
- **사회적 변화를 이해하고 실용적인 지혜를 발휘하라**: 율곡
  선생님은 실용적인 학문을 중요하게 생각하셨다. 시대의
  변화, 즉 결혼이 선택이 된 사회적 흐름을 이해하고,
  개인의 행복을 위한 현명한 판단과 노력을 중요하게 보
  셨을 것 같다. 어쩌면 꼭 결혼이라는 형태가 아니더라도
  공동체를 이루고 서로를 도우며 살아가는 지혜를 찾으라고
  하셨을지도 모른다.

결국 핵심은 외부의 조건이나 사회적 시선에 흔들리지 않고,
자기 자신을 이해하고 존중하며, 삶의 의미를 찾아가는 것이
중요하다는 말씀이 아닐까 싶다.

▶ 일인가구가 증가한 것은 그런 삶을 선택한 사람들이
  많아져서가 아니라 우리 경제와 사회 구조가 결혼에
  친화적이지 않게 변했기 때문입니다. 자신을 필요로 하고
  소중히 대해 주는 가족을 상실한 사람들에게 율곡 선생님은
  어떤 조언을 해 주실까요?

우리 사회가 변하면서 전통적인 가족 형태가 주는 안정감이나 소속감을 잃고 허전함을 느끼는 사람들이 많아졌다. 자신을 필요로 하고 소중히 여겨 주는 가족을 잃었다는 상실감. 이것은 정말 해소하기가 쉽지 않은 감정이다.

만약 율곡 선생님이 지금 계셨다면, 단순히 '가족을 다시 찾아라'라는 말씀을 하시기보다는, 아마 좀 더 근본적이고 실용적인 지혜를 주셨을 것 같다. 율곡 선생님은 개인의 도덕적 수양과 사회적 책임, 그리고 실용적인 개혁을 중요하게 여기셨기 때문이다.

- **'공동체' 안에서 새로운 '가족'을 찾으십시오**: 율곡 선생님은 개인의 도덕성이 사회 전체의 조화와 연결된다고 보셨다. 전통적인 혈연 가족만이 아니라, 뜻을 같이하는 사람들과 모여 함께 배우고, 서로 돕고 의지하는 새로운 형태의 공동체가 바로 '가족'이 될 수 있다고 말씀하실 것 같다. 취미 모임이든, 봉사 활동이든, 배움의 공간이든, 나를 필요로 하고 내가 기여할 수 있는 곳에서 새로운 유대감을 형성하는 것을 강조하실 것이다.

- **'선행'으로 자신의 존재 가치를 빛내십시오**: 자신을 소중히 여겨주는 가족을 잃었다는 생각에 주저앉기보다, 작은 '선행'을 통해 세상에 좋은 기운을 나누라고 조언하실 것 같다. 율곡 선생님은 도덕적 실천이 개인의 완성뿐 아니라 사회 변화의 시작이라고 보셨기 때문이다. 내가 누군가를 돕고, 작은 것 하나라도 의미 있는 일을 할 때, 비로소 나의 존재 가치를 스스로 확인하고 타인에게도 빛을 줄 수 있다고 하셨을 것이다.

- **'격물치지'를 통해 삶의 이치를 탐구하고 자신을 완성하십시오**: 홀로 지내는 시간이 많아진다고 해서 허무함에 빠져서는 안 된다고 하실 것이다. 율곡 선생님은 자연과 인간 사회의 현상을 깊이 연구하며 '격물치지'를 강조하셨다. 오히려 이 시간을 나 자신을 탐구하고, 세상의 이치를 깨달으며 정신적으로 더 단단하고 지혜로운 사람으로 성장하는 기회로 삼으라고 말할 것 같다. 그 과정에서 얻는 지혜와 통찰이 외로움을 극복하고 삶을 풍요롭게 할 것이기 때문이다.
- **'자기 수양'을 통해 내면의 평화를 얻으십시오**: 사회 구조 때문에 겪는 어려움은 어찌할 수 없지만, 그 속에서 흔들리지 않는 내면을 가꾸는 것은 오롯이 개인의 몫이라고 하셨을 것이다. 끊임없이 자신을 성찰하고 마음을 다스려, 어떤 상황에서도 평온함을 유지할 수 있는 강한 정신력을 키우는 것이 중요하다고 하셨을 것이다.

결국 율곡 선생님은 '혼자'라는 상황에 집중하기보다, 어떤 환경에서든 한 인간으로서 마땅히 해야 할 '수양'과 '실천'을 통해 스스로 삶의 의미를 찾고, 더 나아가 사회에 기여하는 '대인(大人)'이 되라고 하셨을 것 같다. 개인의 내면적 성숙과 사회적 관계 맺기라는 두 축을 모두 중요하게 보셨을 것이다.

나오며

인공지능은 답을 빠르게 내어놓는 존재이다. 그러나 빠른 답이 늘 깊은 삶을 보장하는 것은 아니다. 그래서 이 글의 끝에서 우리는 다시 '어떻게 살 것인가'라는 도덕과의 오래된 질문을 품고 서게 된다. 도덕 수업은 '정답을 주는 시간'이 아니라 삶을 붙들고 질문하며 성장하는 시간으로 자리매김될 수 있다는 선언이야말로, 이 글이 내딛는 마지막 발걸음이다.

인공지능 시대에 우리에게 요구되는 첫 번째 역량은 고차적 사고력이다. 그것은 정보를 많이 아는 능력이 아니라 근거를 따져 세우는 비판, 새 길을 상상하는 창의, 타인의 삶을 함께 고려하는 배려를 통합하는 지혜이다. 그리고 이 지혜를 실제로 작동하게 하는 힘이 메타 인지라면, 그 지혜가 사용하는 '옳다/그르다'라는 언어의 뿌리와 정당화를 따져 묻는 철학이 메타 윤리이다. 메타 인지는 사유의 거울이며, 메타 윤리는 그 거울에 비친 옳고 그름의 본질을 묻는 물음이다.

두 번째는 탐구 공동체적 시민성이다. 인공지능이 정보와 정답을 제공할수록 학생에게 필요한 역량은 '정답 소유'가 아니라 의미를 묻고 기준을 세우는 힘이다. 그 힘을 기르는 틀이 탐구 공동체 수업이다. 질문을 함께 세우고 대화로 검토하며 공동의 이해로 다듬는 교실은 곧 민주적 삶의 예행연습이다. "인공지능이 답을 내놓을수록 우리는 더 정확히 물어야 한다"는 문장은 미래 교육의 윤리적 나침반이 될 수 있다.

세 번째는 탐구-실행-성찰의 순환을 끝까지 완성하는 힘이다. 우리가 마주하는 도덕적 사건과 갈등은 관찰로 끝나는 일이 아니라 이유와 의미를 따지는 탐구로 이어져야 하는 대상이다. 그 탐구는 곧 '나는 무엇을 옳다고 여기는가, 어떤 사람이 되고 싶은가'라는 성찰을 요구한다. 성찰은 다시 일상의 선택과 행동으로 나아갈 때 비로소 힘을 얻는다. 실천의 결과가 다시 새로운 질문과 반성을 낳는 되먹임 속에서 도덕성은 지식이 아니라 삶의 방식으로 굳어진다.

여기서 인문학과 윤리는 인공지능 시대에 가장 실용적인 학문이다. 인문학은 인간이 무엇을 소중히 여기며 어떤 의미를 만들어 왔는지 묻는 학문이다. 윤리는 그 의미가 삶의 규범이 될 수 있는지 점검하는 학문이다. 특히 도덕적 상상력은 창의성이 낳을 수 있는 고립과 배타의 위험을 줄이고, 타자와 공동체를 고려하는 윤리적 토대를 제공하는 힘이다.

마지막으로 『격몽요결』이 건네는 가르침은 기술보다 습관에 가깝다. 전통사회가 반복을 통해 역할과 규범을 몸에 새기려 했다면, 인공지능 시대에는 인공지능이 반복 업무를 대신하는 만큼 인간에게 창의성, 공감, 윤리적 판단, 비판적 사고가 더 선명하게 요구된다. 그래서 교육의 핵심은 외부의 정답을 받아 적는 습관이 아니라 스스로 배우고 성찰하는 습관을 기르는 쪽으로 이동한다.

율곡 이이는 배움을 특별한 기교로 보지 않는 사상가이다. 부모를 사랑하고 효도하며 예의를 지키고 믿음을 지키는 일상의 도리가 곧 배움이라는 관점이다. 인공지능이 삶을 편리하게 만들수록 우리는 더 자주 이 기본으로 돌아가야 한다. 인공지능은 학습 효율을 높이고 맞춤형 학습을 돕는 도구이다. 교사는 학생의 정서와 관계를 보듬고 창의적, 윤리적 사고를 이끌어 내는 존재이다. 하이브리드의 길은 기술과 인간다움이 함께 서는 길이며, 그 길이 가장 사람다운 미래의 교육이다.

인공지능 시대의 교실에서 우리가 길러야 하는 사람은 답을 더 빨리 얻는 사람이 아니다. 더 정직하게 묻고 더 책임 있게 선택하며 함께 살아갈 기준을 세우는 사람이다. 그 길의 이름은 인문학과 윤리이다. 그 길의 손잡이는 윤리적 성찰이다. 그 길을 걷게 하는 발걸음은 질문이다.

참고 문헌

- 교육부, 『2022 개정 도덕과 교육과정(별책 6)』, 2022.
- 구본권, 『메타인지의 힘』, 어크로스, 2023.
- 김미덕, 『명화를 활용한 도덕 수업』, 책과나무, 2016.
- ______·이경무, 『고교학점제를 위한 인문학과 윤리』, 책과나무, 2024.
- 김선·반재천, 『사고력 함양을 위한 서·논술형 평가 도구 개발 이론과 실제』, 세담북스, 2024.
- 김용성 외, 『챗GPT로 시작하는 생성형 AI 프로젝트 수업』, 테크빌교육, 2025.
- ______, 『AI 리터러시』, 프리렉, 2024.
- 김재인, 『인공지능의 시대, 인간을 다시 묻다』, 동아시아, 2017.
- 리사 손, 『메타인지 학습법』, 21세기북스, 2022.
- ______, 『임포스터』, 21세기북스, 2022.
- 박지헌 외, 『2022 개정 교육과정 인공지능 융합 프로젝트 수업 키트』, 좋은땅, 2025.
- 배움의 숲 나무학교 PBL센터, 『우당퉁탕 프로젝트 수업』, 에듀니티, 2023.
- 신지승, 『프로젝트 수업, 사회를 탐하다』, 행복한미래, 2024.
- 이현아 외, 『개념 렌즈로 수업과 평가를 탐구하다』, 박영스토리, 2026.
- 이형빈, 『교육과정-수업-평가 어떻게 혁신할 것인가』,

맘에드림, 2015.

- 인천세계시민교육연구회, 『상당히 힙한 29가지 프로젝트 수업 레시피 프로젝트 학습으로 만나는 세계시민교육』, 에듀니티, 2024.
- 정경훈, 『한 번 알면 평생 활용하는 백년공부법』, 진성북스, 2025.
- 조호제 외, 『개념 기반 교육과정 수업 설계의 이론과 실제』, 박영스토리, 2023.
- 지미정 외, 『2022 개정 교육과정 평가, AI로 날개를 달다』, 앤써북, 2024.
- 댄 로스스타인·루스 산타나, 정혜승·정선영 역, 『한 가지만 바꾸기 학생이 자신의 질문을 하도록 가르쳐라』, 사회평론아카데미, 2017.
- 수전 M. 브룩하트, 장은경 외 역, 『루브릭, 어떻게 만들고 사용할까?』, 우리학교, 2022.
- 에릭 M. 프랜시스, 정혜승·박소희 역, 『이거 좋은 질문이야! 사고력을 길러주는 질문』, 법사회평론아카데미, 2020.
- 월터 시닛 암스트롱·재나 셰익 보그·빈센트 코니처, 박초월 역, 『도덕적인 AI』, 김영사, 2025.
- Carla Marschall·Rachel French, 신광미·강현석 역, 『개념 기반 탐구학습의 실천』, 학지사, 2021.
- David A. Sousa, 김미선·이찬승 역 , 『세계 최고 전문가들의 학습과학 특강』, 교육을바꾸는사람들, 2022.
- H. Lynn Erickson·Lois A, Lanning and Rachel French, 온정덕·윤지영 역, 『개념기반교육과정 및 수

업』, 학지사, 2019.

- Matthew Lipman, 박진환·김혜숙 역, 『고차적 사고력 교육』, 인간사랑, 2005.
- 신중섭·조주현 외, 「2022 개정 도덕과 교육과정 『현대사회와 윤리』의 개발 과정과 쟁점」, 도덕윤리과교육(86), 2025.
- 최성진·김아영, 「개념기반탐구학습이론에 기반한 도덕과 수업 설계 방안 연구」, 학교와 수업 연구(10), 2025.